Ursula Barth / Gary Rogers

Garten-Räume

Ursula Barth / Gary Rogers

GARTEN-RÄUME

Stein, Holz, Metall und Keramik kreativ verwenden

DVA

Inhalt

Material und Wirkung

Stile und Stimmungen

Die Wahrnehmung eines Raumes wird ganz wesentlich von seiner Gestaltung beeinflusst. Formen, Farben, Materialien bestimmen, ob wir uns wohlfühlen und welche Empfindungen bei uns ausgelöst werden. Ein wichtiger Indikator für die Qualität eines Raumes – sei es im Inneren eines Hauses oder aber im Freien – wird immer sein, ob er angenommen und gerne genutzt wird. Voraussetzung hierfür sind Harmonie, gute Proportionen, gelungene Farb- und Materialwahl und das rechte Maß an Spannung.
Wie unterschiedlich diese Stimmungen und Stile sein können, zeigen die Beispiele auf dieser und der vorhergehenden Seite: mal konsequente geometrische Formen, mal asiatisch inspiriert oder farbenfroh idyllisch.

Sinnliche Qualitäten

Sehen, Hören, Riechen, Tasten, Schmecken – die berühmten fünf Sinne, die uns helfen, zu verstehen, die Welt um uns wahrzunehmen, uns zu orientieren, die Emotionen in uns auslösen, uns »leben« lassen.

▷ **Sehen:** Menschen sind, so sagt man allgemein, Augentiere. Also wird man den Sehsinn als den bedeutendsten nennen. In der Regel ist der berühmte erste Eindruck im Wesentlichen das, was das Auge aufnimmt. Spontan und unbewusst entscheiden wir, ob uns das vor Augen Geführte gefällt und positive Reaktionen hervorruft, uns gleichgültig lässt oder einen negativen Eindruck hinterlässt. Im Idealfall macht es neugierig auf mehr. Eine Leitidee, ein gut umgesetzter Entwurf mit stimmigen Proportionen, harmonischem Farbspiel, wirkungsvoller Materialwahl und gekonnter Pflanzenverwendung entscheiden, ob das Bild, das wir wahrnehmen, »passt«.

▷ **Hören:** Ob wir uns in einem Raum, der zunächst dem Auge gefallen hat, auch dauerhaft aufhalten wollen, hängt im hohen Maße von seiner Akustik ab. Ein Aspekt, der leider auch bei der Planung von Gärten regelmäßig nicht berücksichtigt wird. Ob ein Ort tatsächlich Entspannung schenkt und die Sorgen des Alltags vergessen lässt – Ansprüche, die wir gerade auch an Gärten stellen – steht und fällt mit der richtigen Geräuschkulisse. Meditative Stille, die in sich kehren lässt, das Zwitschern von Vögeln, das leise Summen von Bienen und Hummeln, das verhaltenen Plätschern oder lebhafte Gurgeln von Wasser, das vielfältige Rauschen der Blätter und Zweige im Wind – das Repertoire der Hörgenüsse ist breit gefächert.

▷ **Riechen:** Duftende Stauden und Blütengehölze, aromatische Kräuter, der Geruch warmer Erde, von

Oben: *Die üppige, strukturreiche Staudenpflanzung findet in dem glatten blauen Spiegel des stehenden Wassers den idealen Gegenspieler.*

Unten: *Märchenhafter Zauber. Eine Szene von geradezu traumhafter Zartheit. Alles ist weich und fließend und reizt zur Berührung. Wolkiges Schleierkraut, weißer Tüll und Weiden, alles scheint seine Konturen auflösen zu wollen.*

Rechte Seite: *Wie Mikado-Stäbe wirken die horizontalen Halme des Bambuswäldchens. Spannung bringen die unterschiedlichen Formen und Farben, der Kontrast zwischen den metallisch glänzenden Kugeln und den matten Holzbohlen. Obwohl das »Material Pflanze« hier nur eine Nebenrolle spielt, wirkt die Szene dennoch sehr lebendig. Zu verdanken ist das nicht zuletzt dem lebhaften Wechsel von Licht und Schatten, dessen Spiel ein zwar nicht berechenbares, aber sicher bei der Planung gezielt eingesetztes Gestaltungselement war.*

Rinde oder gehäckseltem Holz – Düfte und Aromen fordern und bereichern mit dem Geruchssinn eine weitere Dimension unserer sinnlichen Wahrnehmung. Während Düfte von selbst ausströmen und »in der Luft hängen«, werden Aromen durch das Zerreiben etwa von Blättern oder Rinde freigesetzt. Besondere Entfaltung finden Gerüche bei warmen Temperaturen, an sonnigen Tagen, in geschützten Ecken des Gartens, im Idealfall unterstützt durch Wärme speichernde und reflektierende Objekte, zum Beispiel Mauern aus Naturstein.

▷ **Tasten:** Interessante Oberflächen reizen zum Berühren und steigern die Wahrnehmung, helfen zu »begreifen«. Steine von naturrauh bis fein bearbeitet, Rinden in unendlicher Vielfalt an Texturen, Blätter von glatt bis behaart, von weich bis hart, die erfrischende Kühle des Wassers, die natürliche Wärme von Holz, die angenehme Wärme von aufgeheiztem Naturstein, der Wechsel von Schatten und Kühle mit Sonne und Wärme – all das nehmen wir über Hände und Haut, einem unserer spannendsten Sinne, auf.

▷ **Schmecken:** Früchte und Kräuter sind die Zugabe im Garten und vervollständigen das Leben im Freien zum Genuss für alle Sinne.

Tipp

Düfte bereichern jeden Garten. Besonders an Terrassen und Sitzplätzen sollten duftende Gehölze, Stauden und Sommerblumen niemals fehlen, da man hier ihren Wohlgeruch besonders genießen kann. Ein windgeschützter Standort kann den Genuss von Pflanzendüften noch steigern.

Solisten und Kombinationskünstler

Linke Seite oben: *Ein herausragender Blickfang für diesen Garten ist der aufwändig gestaltete Pavillon. Seine Bedeutung als Zielpunkt einer Achse wird durch den ausgerollten Läufer aus rotem Klinker im Fischgrätverband unterstrichen.*

Linke Seite unten: *Einheit von Haus und Garten. Das Motiv der kräftigen Rundsäulen in reinem Weiß schafft eine nahtlose Verbindung von Gebäude, Veranda und anschließendem Freiraum. Die Dominanz der deutlichen Formensprache wird vom Grün und dem lockeren Wuchs der Pflanzen angenehm zurückgenommen.*

Weniger ist oft mehr. Beschränkung bei Form, Farbe und Material schafft Räume von ruhiger Klarheit.

Ein Bild besteht (fast) immer aus mehreren Farben, ein Garten aus mehreren Elementen. Er ist stets eine Symbiose aus all den Formen, Farben, Strukturen, Pflanzen und Materialien, die sich in ihm zusammenfügen. Nur einen Aspekt alleine zu betrachten, ist weder sinnvoll, noch wird es dem Ganzen gerecht.

Ein gelungener Garten besticht durch das perfekte Zusammenspiel von Pflanzen und toten Baustoffen untereinander und miteinander, verbunden durch eine angemessene Formensprache. Was nicht heißen soll, dass alles gleichrangig ist. Es darf und soll durchaus eine Verteilung von Solisten und – eigentlich nicht minder wichtigen – Hintergrundakteuren geben. Dies gilt für den Garten als Ganzes, aber speziell auch für die Materialien der gebauten Strukturen, von Wegen, Terrassen, Plätzen, Mauern, Treppen, Pergolen, Zäunen oder Möblierung. Das gewählte Material muss Form und Stil gerecht werden, soll aber auch Schmuck für sich sein. Ob nur ein einziges Material sich konsequent durch die gesamte Anlage zieht oder eine Kombination mehrerer Werkstoffe gewählt wird, hängt vom persönlichen Geschmack, der gewünschten Wirkung sowie der Größe des Gartens ab. Kleine Gärten vertragen weniger Abwechslung als große. Ein bis zwei Materialien bei Belägen, Treppen und Mauern sind hier wohltuender als ein Zuviel an Variation, das den ohnehin begrenzten Raum optisch noch mehr einengen und ihm die Ruhe nehmen würde. Harte Kontraste wirken hier störend. Größere Anlagen, zumal wenn sie unterteilt sind in verschiedene eigenständige Räume, können mehr Gegensätze und auffällige Blickfänge aufnehmen. Hier wirken sie

sogar außerordentlich belebend. Vorausgesetzt, es zieht sich ein übergeordnetes Thema durch den gesamten Raum, das alle Einzelthemen zusammenführen kann.

Vielfalt der Stile

Nach welchem Leitbild im Einzelnen gestaltet wird, hängt ganz von den persönlichen Vorlieben ab. Während in früheren Zeiten in Architektur wie auch Gartenarchitektur ein jeweils zeittypischer Stil mit immer wiederkehrenden Merkmalen vorherrschte, gilt heute die Freiheit der Stile. Gärten werden individuell auf den Nutzer zugeschnitten. Klassisch oder modern, ganz nach Belieben. Wer es naturnah mag, wählt freie Formen und pflanzt nach dem Vorbild der Natur. Liebhaber von strengen Formen und klaren und Linien werden einen formalen Stil bevorzugen. Anleihen aus historischen Anlagen sind genauso möglich wie die Gestaltung nach einem besonderen Thema. Schließlich können auch noch Vorbilder aus fremden Ländern Pate stehen, etwa japanische

Rechte Seite oben: *Stimmiges Bild. Ein romantischer Garten, in dem alles »passt« und sich harmonisch zusammenfügt. Der Weg führt mit sanftem Schwung durch die Anlage, der Kiesbelag wirkt weich und zurückhaltend, die Einfassungen aus Naturstein geben der Form Halt und verleihen der Szene eine elegante Note. Ton in Ton setzen der weiß lackierte Rankbogen und die Rose in zartem Rosa einen lichten Akzent.*

Rechte Seite unten: *Sommerliche Pracht. Im Garten gehört der Sommer den Pflanzen. Formen und bauliche Strukturen wirken unterstützend. Ganz anders im Winter. Dann kommt der große Auftritt für die klare, elegante Form des Wasserkanals. Die gebauten Strukturen mit ihren Materialien geben dem Garten die durchgängige und dauerhafte Wirkung.*

Gärten oder solche im englischen Stil, ein mediterraner Garten usw. Alles hat durchaus seine Berechtigung – vorausgesetzt, es fügt sich in die Umgebung ein.

Das rechte Material

Formen bestimmen den Entwurf, die Materialien unterstreichen ihn und gestalten ihn aus. Was richtig ist, lässt sich nicht einer einfachen Regel oder Formel festhalten. Aber ein paar allgemeine Grundregeln lassen sich doch festhalten.

▷ Haus und Garten sollten immer eine Einheit bilden, sie gehören unmittelbar zusammen. Materialien des Gartens müssen unbedingt mit denen am Haus korrespondieren. Gleiches gilt für die Farben. Vielleicht lassen sich auch Formen am Haus, Gliederungen und Proportionen in den Freiraum übertragen.

▷ Innen und Außen verschmelzen zur Einheit, wenn sie durch die Verwendung gleicher Materialien scheinbar nahtlos ineinander übergehen. Beispiel: Natursteinbelag im Wohnzimmer setzt sich, getrennt nur durch die Glasfront der Fenstertür, auf der Terrasse fort. Oder ein holzbetontes Interieur spiegelt sich auch in den Außenanlagen wider. Materialeinheiten lassen den gesamten wahrnehmbaren Raum zudem größer erscheinen.

▷ Örtlichen Materialien ist der Vorzug zu geben. Gärten fügen sich besonders harmonisch in ihre Umgebung ein, wenn regionaltypische Materialien verwendet werden. Von dieser Regel lässt sich am ehesten im städtischen Raum abweichen, auf dem Land wirken »fremde« Materialien schnell störend und wie deutliche Fremdkörper.

Materialien sind wichtige Gestaltungsmittel. Nie sollten sie aber die alleinige Hauptrolle übernehmen, sondern sich immer ins Ensemble einfügen. Sie dürfen aber sehr wohl auffallen, durch meisterhafte Verwendung und Verarbeitung, als perfekte Unterstützung von Stil und Stimmung oder als einzeln hervorgehobener Blickfang.

Bild und Rahmen

Gärten sind individuelle Refugien und spiegeln die Wünsche, Vorstellungen und Träume ihrer Besitzer wider. Aber sie sind keine Inseln, die für sich alleine existieren. Wo privater Raum mit öffentlichem oder mit dem Grundstück des Nachbarn zusammenstößt, bilden sich gemeinsame Übergangszonen heraus. Diese bestimmen das Bild einer Siedlung oder einer ganzen Ortschaft nach außen. Entsprechende Sorgfalt ist dem gemeinsamen Rahmen, der die einzelnen Gartenbilder zusammenfügt, zu widmen. Im Konkreten bedeutet dies, dass jede Planung im Außenraum Rücksicht nehmen muss auf die Umgebung. Wieder in dem Sinne, dass das Ganze immer mehr ist als die Summe seiner Teile. Zu viel Individualismus bei Einfriedungen, Zäunen und rahmenden, straßenbildprägenden Pflanzungen gehen ganz empfindlich auf Kosten des Ortsbildes. Gemeinsamkeiten, die nichts mit Gleichmacherei zu tun haben, schaffen Harmonie und Identität. Platz für Individualität und Unverwechselbarkeit ist aber dennoch – im Detail und im Inneren und geschützten Bereichen des Gartens. Generell gilt: Je mehr man sich dem Haus nähert, desto individueller und eigenwilliger darf es sein. Je weiter man sich vom Gebauten entfernt, besonders aber im

Anschluss an die freie Landschaft, gilt es, weiche Übergänge zu schaffen. Auffällige, buntlaubige und exotische Gehölze sind hier ebenso vorsichtig zu verwenden wie Formen, Farben und Materialien, die in dieser Umgebung fremd sind. Als Akzent können sie durchaus angenehm überraschen, doch mit großzügiger Geste sollten sie sich nur im privaten und geschützten Bereich des Gartens ausbreiten.

Beständigkeit und Wandel

Das Besondere an Räumen im Freien ist ihre Lebendigkeit und Wandlungsfähigkeit. Die »Raumausstattung« verändert sich laufend. Mit den Jahreszeiten wechselt das grüne Gewand. Vom ersehnten Erwachen des Gartenlebens im Frühjahr über das saftige Grün und die überschwängliche Blütenpracht des Sommers bis zu den erdigen, behaglichen Farben des Herbstes, die schließlich die Ruhe und scheinbare Starre des Winters einläuten. Halt und dauerhafter Rahmen für diese Wechselspiele sind die baulichen Strukturen des Gartens. Deren Qualität wird besonders im Winter sichtbar, wenn ihre Konturen wirkungsvoll hervortreten können. Sie bringen Beständigkeit in den Garten und prägen über Jahrzehnte den Garten. Die in der Natur so wichtige Dimension Zeit, die bei der Architektur der Pflanzung von nachhaltiger Bedeutung ist, sie und damit die Volumina und Strukturen, Licht und Schatten wesentlich beeinflusst und verändert, kann den gebauten »Dauerläufern« im Garten nicht wirklich etwas anhaben. Und wenn, dann nur Gutes. Verwitterungsspuren und Patina machen den Garten noch wertvoller und lassen Natur und Bauwerk zur Einheit verschmelzen.

Farbe und Licht

In der Hauptrolle Farbe

Von allen optischen Reizen, die uns im Garten begegnen, schaffen es besonders die Farben, ganz unmittelbar auf unsere Stimmung einzuwirken. Sie entscheiden darüber, ob bei uns Wohlgefallen oder aber Unbehagen ausgelöst wird. Der beste Entwurf kann nur mit der richtigen Farbgestaltung bestehen. Damit darf man die Farben zu den heimlichen Drahtziehern in der Gartenplanung zählen. Ihre wichtigsten Helfer sind Licht und Schatten (Abb. S. 16/17).
Im Farbschema nebeneinander liegende Farben wie hier Blau und Grün beeinflussen sich wechselseitig in ihrer Wirkung und Wahrnehmung (linke Seite). Kräftiges Rosa in verschiedenen Schattierungen dominiert den gesamten Raum. Für eine dauerhafte Anlage wäre eine solche Inszenierung sicher zu »aufregend«, es ist wohl eher als Spektakel für eine Saison geeignet (oben).

Das Phänomen Farbe

Farben sind für uns etwas Selbstverständliches. Doch mit der Erklärung, was denn Farbe nun ist, werden sich die meisten von uns wohl eher schwer tun. Denn Farbe ist nicht greifbar, es ist eine zwar reale, aber mit Worten schwer zu beschreibende Wahrnehmung, eine Empfindung. Sehen ist eine Leistung des Gehirns, das Auge dient ihm als Reizüberträger. Erste Voraussetzung dafür, das wir Farbreize mit dem entsprechenden Sinnesorgan, den Augen, erfassen und anschließend »übersetzen« können, ist das Licht. Ohne Licht gibt es keine Farben. Von der Qualität des Lichtes wiederum hängt die Wahrnehmung der Farben ab. Die »echten« Farben sehen wir nur bei weißem Licht, in dem alle Farben des Spektrums enthalten sind. Tageslicht ist in der Regel aber nicht »weiß«, sondern enthält selbst unterschiedliche und wechselnde Farbanteile, deren jeweils vorherrschende die Farben »überzieht« und in ihre Richtung beeinflusst. Das selbe Bild kann entsprechend im grellen Sonnenlicht mit hohem Gelbanteil ganz anders aussehen als in warm-roter Abendsonne oder aber dunstig-blauem Licht. Die Farbigkeit des Lichts beeinflusst die Wirkung der Farben. Grelles Sonnenlicht ist selbst so hell und gelb, dass nur wirklich kräftige Farben sich hier behaupten können. Im Schatten dagegen wandert alles entsprechend des Umgebungslicht ins Gräulich-Violette, so dass sich hier nur helle Farben wie Weiß oder Gelb durchsetzen können.

Nicht zu unterschätzen für die Farbwirkung eines Objektes ist auch dessen Oberfläche. Ein Gegenstand erscheint immer in der Farbe, die er reflektiert. Die anderen Farben des Lichtes absorbiert er. Blättern etwa erscheinen uns grün, da deren Blattfarbstoff Chlorophyll diesen Farbton reflektiert. Weiß empfinden wir dagegen, wenn alle Farben von einer Oberfläche reflektiert werden. Die Rauigkeit und äußere Beschaffenheit eines Objektes entscheidet schließlich darüber, ob die Farbe als leuchtend oder matt empfinden. Je glatter und glänzender eine Fläche ist, desto brillanter die Farbe, je rauer, behaarter er ist, desto mehr wird die Reflexion gestört und desto stumpfer der Farbton.

Die Lehre von den Farben

In der modernen Farbenlehre wird heute meist von einem Farbkreis ausgegangen, auf dem die drei Grundfarben Rot, Blau und Gelb und die daraus abgeleiteten, dazwischen liegenden Sekundärfarben Orange, Violett und Grün liegen. Diese Farben stehen in Beziehungen zueinander, sie können sich wechselseitig in ihrer Wirkung beeinflussen oder steigern.

Gegenüber liegende Farbpaare ergeben sogenannte Komplementärkontraste. manche dieser Paare fügen sich zu als harmonisch empfundenen Kompositionen zusammen. So stehen sich Gelb und Violett, Blau und Orange, Rot und Grün gegenüber. Anscheinend fügt auch unser Gehirn immer Farbe und komplemetären Gegenspieler zusammen. Dies erklärt, dass beim Blick in direktes Sonnenlicht in unserer Wahrnehmung ein violettes Nachbild erzeugt wird. Gleiches gilt genauso für alle anderen Farbpaare.

Das unterbewusste Spiel mit den Komplementärfarben tritt auch beim sogenannten Simultankontrast zu Tage. Das bedeutet, dass nebeneinander

Linke Seite oben: *Blauer Akzent. Das neutrale Grün des Blattwerks verbindet die Spektralfarben Gelb und Blau. Wegen des durchbrochenen Gitters des Tores kommt das kräftige Blau ganz leichtfüßig daher.*

Linke Seite unten: *Spiel mit warmen Farben. Farbverläufe mit Farben, die gemeinsame Pigmente verbinden, strahlen Harmonie aus.*

Oben: *Effektvoller Kontrast. Obwohl die Reihe mit weißen Stämmchen als durchgehendes Band oder Fläche wahrgenommen wird, wirkt sie dank der Unterbrechungen dennoch luftig und leicht.*

Unten: *Aha-Effekt. Mit leuchtend gelber Farbe fordert das schlichte Gartentor absolute Aufmerksamkeit ein. Die Kombination aus kraftvollem Gelb und aufgehelltem Violett ist gewagt und wohl eher auf solche bewussten Ausrufezeichen zu beschränken.*

liegende Farbpaare jeweils von der Komplementärfarbe ihres Nachbarn beeinflusst werden. Sie werden gewissermaßen von deren Komplementärfarbe »überzogen«. Die Farbenpaare driften dadurch weiter auseinander, sie versuchen, sich so weit wie möglich voneinander zu entfernen. Sind die nebeneinander liegenden Farben bereits zueinander komplementär, so verändern sie natürlich nicht ihren Farbton, sondern steigern sich vielmehr gegenseitig in ihrer Farbwirkung.

Neben der Betrachtung der Farben in einem Kreis steht die Darstellung in einem bandförmigen Farb-

Auch Gartenmöblierung darf gerne auffallen. Am einfachsten, wenn der Rahmen ruhig ist, wie hier aus friedlichem Grün.

Rechte Seite oben: *Kühle Impressionen. Blau und Violett spielen die Hauptrolle in diesem Garten. Weiß trennt Farben und lässt sie noch stärker hervortreten. Der Kontrast der beiden die Gestaltung bestimmenden Farben beansprucht die gesamte Aufmerksamkeit, das Grün des Rasens ist nur Beiwerk und wird kaum wahrgenommen.*

Rechte Seite unten: *Die Macht des Lichtes. Farben planen im Garten bedeutet auch Planen mit dem Licht. Während im hellen Licht der Sonne Weiß und Grün ihren Kontrast voll ausspielen können und sich scharf voneinander abgrenzen, verschwimmen im Schatten die Konturen und die Farben nähern sich.*

spektrum, das alle vom Menschen wahrnehmbaren Farben darstellt, vom kurzwelligen Rot über Orange, Gelb, Grün, Blau bis hin zum langwelligen Violett. Man trennt theoretisch in diese sechs Farbtöne, wobei real die Übergänge fließend sind. Diese Spektralfarben werden auch als Farbton bezeichnet, damit ist die reine Farbe ohne Anteile von Schwarz, Weiß oder Grau gemeint.

Reine Farben sind jedoch selten anzutreffen. Der Farbwert beschreibt entsprechend die Veränderung von Farbtönen mittels Schwarz (Schattierung) beziehungsweise Weiß (Aufhellung). Der Farbwert der reinen Farben variiert. Gelb kann den höchsten Wert verbuchen, während Violett das Schlusslicht bildet. Das bedeutet, dass Gelb zum Beispiel zwar stark schattiert werden kann, aber nur in sehr geringem Maße aufgehellt werden kann. Die Farbintensität oder Sättigung schließlich beschreibt den Anteil des Grauwertes an einer Farbe. Dieses theoretische Wissen über die Eigenschaften der Farben ist unverzichtbar für die Gestaltung mit Farben, ihre Kombination miteinander sowie deren richtige Verwendung in Licht und Schatten.

Farbwirkung

Farben erzeugen nicht nur Stimmungen, sie können auch das Raumgefühl beim Betrachter ganz unmittelbar beeinflussen. Kein Wunder, werden doch Farben weit vor den abstrakten Formen von uns wahrgenommen. Mit geschickter Farbwahl können problemlos Räume vorgetäuscht werden, Tiefe und Ferne, aber auch Nähe vermittelt werden. Sie können einer Szene Leichtigkeit und Heiterkeit, aber auch Gewicht und Bedeutung verleihen. Ob wir einen Raum als ruhevoll empfinden oder ob er unsere Sinne eher »reizt«, uns aufregt, aufwühlt, hängt wesentlich von seiner Farbgestaltung ab.
Ein paar grundsätzliche Regeln sind leicht zu merken und auch vom Laien problemlos anzuwenden.

▷ Ein Gefühl von Tiefe und Ferne erzeugen kühle Farben, also alle Blau- und Violetttöne, Grauwerte und zum Teil Braun.

▷ Ein ähnliches Raumgefühl kann geschaffen werden, wenn im Hintergrund blassere Töne der gleichen Farbe, die den Vordergrund bestimmt, eingesetzt werden.

▷ Warme Farben, Gelb, Orange und Rot, lassen Objekte aus ihrer Umgebung hervortreten, geben

Tipp

Wie intensiv wir eine Farbe wahrnehmen, hängt wesentlich davon ab, wie flächig sie sich uns darstellt. Eine kräftige Farbe, flächig verwendet, kann leicht zu massiv und erdrückend wirken. Ist sie aber durchbrochen, in einem Gitter oder einer luftigen Blütenwolke, wird ihr die Dominanz und Schwere genommen.

ihnen Schärfe. Sie verkürzen optisch die Tiefe eines Raumes.

▷ Diese Phänomene bei kalten und warmen Farben sind auch verantwortlich dafür, dass Gegenstände in warmem Licht schärfere Konturen erhalten und stärker in den Vordergrund treten als in kühlem, vom Blau beeinflussten Licht.

▷ Weiß, in dem alle Farben des Spektrums enthalten sind, gilt als neutral. Entsprechend ist es hervorragend geeignet, um Farben zu trennen und deren wechselseitige Beeinflussung zu mildern. Es ist auch gut als Vermittler zwischen den teilweise als zu hart empfundenen Kontrasten kräftiger und reiner Farben einzusetzen.

▷ Ganz ähnliche Funktionen kann Grau übernehmen, wenn es auch im Gegensatz zu Weiß immer leicht von der Komplementärfarbe seines Nachbarn beeinflusst wird. Grau bringt kräftige Farben zum Leuchten und schmeichelt Pastelltönen.

▷ Ein weiterer Vermittler zwischen den Farben im Garten ist Grün, das gerade im Freien als eher neutral empfunden wird und meist hinter den auffälligeren Kontrasten anderer Farben zurücktritt.

Welche Farben wir bevorzugen und damit primär verwenden wollen, ist individuell. Jeder wird seinen Garten ganz nach seinem Geschmack gestalten und seine Lieblingsfarben wiederfinden wollen. Bei jeder Farbgestaltung sollte man aber auch deren Wirkung auf unser Gemüt berücksichtigen. Wenn auch, wie gesagt, jeder so seine Vorlieben hat, so gibt es doch bestimmte Assoziationen, die allgemein den Farben zugewiesen werden und ganz bewusst zur atmosphärischen Gestaltung eines Raumes eingesetzt werden können und sollten.

Nachtgestalten. Als aufgelöste gelbe Konturen, scheinbar abgelöst von einem Untergrund, schweben die Bäume in der schwarzen Nacht. Eine dramatische Inszenierung aus Farbe und Licht.

Mit Abstand die beliebteste Farbe, bei Männern wie auch Frauen, ist Blau. Mit ihm werden viele positive Begriffe verbunden: Harmonie, Vetrauen, Stille, Sympathie, Freundschaft. Gleichzeitig steht es aber auch für Weite, Unendlichkeit, Sehnsucht. Die Eigenschaft von Blau, Konturen eher verwischen zu lassen, unterstreicht diese Eindrücke noch.
Gleich an zweiter Stelle unter den »Farbhits« steht Rot. Rot ist Wärme, Hitze, Leidenschaft, Aufregung, Spontanität, Erotik. Es fordert ganz selbstverständlich eine dominante Rolle ein.
Grün dagegen wird allgemein als beruhigend empfunden. Es symbolisiert die Natur, das Leben, Frische, Frühling und Hoffnung.
Gelb ist die Farbe der Sonne, von Licht und Wärme. Geheimnisvoll und magisch wirkt dagegen **Violett** auf uns. Zarte Gemüter lieben eher **Rosa**.
Schwarz und **Weiß** stehen sich als Antagonisten gegenüber. Während das eine für Einsamkeit und Trauer, aber auch Sachlichkeit und Funktionalität steht, verbinden wir das andere mit Reinheit, Unschuld, Perfektion. Während Weiß allgemein positiv belegt ist, scheiden sich am Schwarz die Geister.

Farbkombinationen

Menschen mit großem Gespür für Ästhetik fügen ganz spontan, aus dem Gefühl heraus passende Farben zusammen. Leider ist diese Fähigkeit aber nicht jedem gegeben. Allen anderen hilft es, auf die Gesetze der Farbenlehre zurückzugreifen, um Bilder voller Harmonie zu schaffen.
Eine Möglichkeit ist die Verwendung von **Komplementärkontrasten**, also von Farbpaaren, die sich auf dem Farbkreis gegenüberliegen und in ihrer Wirkung wechselseitig steigern. Farbkombinationen werden wegen dieser Tatsache auch als besonders intensiv und leuchtend erlebt. Manche dieser Kombinationen werden aber als zu extrem empfunden, gerade bei kräftigen und reinen Farben. Gefälliger wirken solche Farbpaare häufig, wenn die Farben aufgehellt oder schattiert wurden. Dabei sollte der Ton mit höherem Farbwert, also der hellere, immer eher aufgehellt werden und der dunklere schattiert als umgekehrt. Beispiel: Gelb und Violett werden verändert in Richtung Pastellgelb und Dunkelviolett, nicht aber aber zu Dunkelgelb und Zartviolett.

Eine Farbe als Thema. Besondere Aufmerksamkeit erhalten Farben, wenn sie flächig und ohne Konkurrenz in Erscheinung treten. So können sie ihre ganzen Qualitäten ausspielen und unmittelbar auf unsere Stimmung wirken. Ob man sich solcher Totalität immer aussetzen will, sollte gut überlegt sein. Man muss diese eine Farbe »aushalten« können.
Mit beruhigendem Blau kann man weniger falsch machen als mit aufwühlendem Rot. Im allgemeinen ist es besser, solche Gestaltungen auf begrenzte Bereiche des Gartens zu beschränken, um sie dann ganz bewusst aufzusuchen – damit das Besondere besonders bleibt.

Eine weitere übliche Methode ist das Arbeiten mit **Farbdreiklängen**. Hier werden im Farbkreis jeweils drei Farben über ein gleichschenkliges Dreieck miteinander verbunden. So gesellen sich etwa Gelb-Blau-Rot oder Orange-Violett-Grün. Die häufig recht grellen Kontraste werden gefälliger, wenn die Dreiklänge aufgehellt werden und Richtung Pastells abgewandelt werden.

Bei **Farbverläufen** wird ein beliebiger Ausschnitt aus dem Farbkreis mit all seinen fließenden Übergängen zum Vorbild genommen. Solche Bilder wirken eigentlich immer angenehm, da viele Farben mit gemeinsamen Pigmenten, die Harmonie schaffen, nebeneinander liegen.

Ob nur warme Töne von Gelb bis Rot oder allein kalte aus dem blauen und violetten Spektrum miteinander kombiniert werden oder aber Übergänge von warmen zu kalten Farben gewählt werden, steht dabei jedem frei. Besonders subtil wirken Farbverläufe von nur einem Farbton, Ton-in-Ton-Kontraste, wie sie in Gärten mit einem bestimmten Farbthema Verwendung finden. Man muss sich aber im Klaren sein, dass man sich auf diese Weise allein einer Farbe aussetzt und damit auch der Stimmung, die genau dieser Ton in unserem Empfinden auslöst.

Tipp

Kräftige Farben, die zum Teil schwierig in der Verwendung sind, kommen gut zur Geltung und erdrücken nicht, wenn sie von verhältnismäßig größeren abgetönten, pastelligen Farbflächen entweder des selben oder eines korrespondierenden Tons umgeben sind.

Holz – Wärme, Sinnlichkeit, Vergänglichkeit

Holz im Garten

Eine Eigenschaft zeichnet Holz von allen Baustoffen, die wir im Garten verwenden können, besonders aus. Es ist das lebendigste aller Materialien. Es führt in gewisser Weise das Leben der Bäume, aus denen es gewonnen wurde, weiter. Es verändert sich, arbeitet, altert und fügt sich schließlich irgendwann wieder in den Kreislauf des Werden und Vergehens in der Natur ein. Dennoch und auch gerade deswegen wird Holz im Garten so hoch geschätzt. Ob als schlichter Staketenzaun (Abb. 2S. 28/29), als dekoratives Holzlager (links) oder heimelige Terrasse (oben).

Holzarten, Oberflächen und Verarbeitung

Holz gehört zu den beliebtesten Baustoffen – im Haus wie auch im Garten. Kein Wunder, ist es doch das »wärmste« von allen Baumaterialien. Es vermittelt einerseits das Gefühl von Wärme, ist aber auch fühlbar am wärmsten. Während Naturstein oder Klinker erst eine gute Portion an Sonnenstrahlen genossen haben müssen, bis man beim barfuß Laufen angenehme Fußwärme empfindet, kann Holz schon viel früher beschritten werden, ohne dass man frösteln müsste.
Wie kein anderes Material reizt Holz uns zur Berührung. Es lädt dazu ein, darüber mit den Händen zu streichen, seine Eigenarten, seine Oberfläche und Unregelmäßigkeiten zu ertasten, seinen Charakter zu erforschen. Und das immer wieder aufs Neue.
Eine weitere Besonderheit von Holz ist, dass es auch noch unseren Geruchssinn anzusprechen vermag, und damit dem sinnlichen Erlebnis Garten eine eigene Note hinzufügt. Am intensivsten gilt das natürlich für frisches und angeschnittenes Holz. Dieses intensive, erdige Aroma verflüchtigt zwar mit der Zeit, bei der einen Art schneller als bei der anderen, doch in unserer Erinnerung wird es sich hartnäckig festsetzen und als angenehme Impression immer wieder auftauchen. Holz ist ein aus Pflanzen gewonnenes Baumaterial. Damit fügt es sich ganz selbstverständlich ein in den Stoffkreislauf der Natur. Das bedeutet zwar, dass es vergänglich und nur begrenzt haltbar ist. Andererseits kann es dadurch aber auch mit der Einzigartigkeit aufwarten, nachwachsen und sich laufend erneuern zu können. Kein anderer Baustoff, den wir im Garten verwenden, könnte das von sich behaupten! Holz ist eine Ressource, die sich nicht erschöpft. Es entsteht aus einem lebendigen Prozess heraus und ist selbst lebendig. Es harmoniert unübertroffen mit Pflanzen und der natürlichen Umgebung in Garten und Landschaft.

Welche Holzarten sind geeignet?

Im Freien ist Holz permanent der Witterung, die die Verwitterung und schließlich die Zerstörung des Baustoffes einläutet, ausgesetzt. Wenn er natürlich auch regenerativ ist und damit immer wieder ersetzbar, so möchte man doch das aufwändig Gebaute nicht ständig erneuern müssen.
Leider sind aber viele unserer heimischen Hölzer nicht oder nur bedingt für die Verwendung im Außenbereich geeignet. Von den für den Garten- und Landschaftsbau geeigneten weisen Buche, Fichte, Kiefer und Tanne im Kernholz eine schlechte bis allenfalls mäßige Resistenz gegen Pilze und Schadinsekten auf. Die häufig empfohlene Lärche ist auf diesem Gebiet etwas besser, aber auch nur befriedigend. Gleiches gilt für die in unseren heimischen Forsten kultivierte Douglasie. Besser sieht es in diesem Punkt bei Eiche, Robinie und der im Weinbauklima anzutreffenden Edelkastanie aus.
Dazu kommen noch ein paar weitere Probleme. Douglasie, Fichte und Tanne neigen dazu, bläuliche Verfärbungen auszubilden. Sie können also häufig nur mit farbiger Oberfläche eingebaut werden. Robinien wachsen häufig drehwüchsig.
Tatsache ist leider, dass in punkto Haltbarkeit und Widerstandsfähigkeit exotische Hölzer wie Teak, Bongossi, Kambala, Merbau oder die nordamerikanische Western Red Cedar unseren heimischen Gewächsen haushoch überlegen sind. Doch spricht

Seite 32 oben: *Die Einsatzmöglichkeiten von Holz sind breit gefächert. Vermeiden sollte man aber immer den direkten Kontakt von Holz und Erdreich.*

Seite 32 Mitte: *Weidezauncharakter. Ein Zaun wie dieser, gebaut nur aus rustikalen, ungeschälten Rundholzstangen, passt am besten in ländliche Gebiete.*

Seite 32 unten: *Holzbeläge, hier als Rundholzpflaster, eignen sich für Nebenwege im Garten. Für permanent genutzte Wege sollte man wegen der Rutschgefahr bei Nässe davon absehen.*

Zeugnis der Handwerkskunst. Kunstvolle Schreinerarbeit wie diese findet man in historischen Gärten. Laubengänge, Pergolen und Pavillons sind wertvolle Kleinarchitekturen und bereichern solche Anlagen. Oft weit über hundert Jahre alt, sind sie überdauernde Beweise für die Haltbarkeit von Holz im Freien, wenn der konstruktive Holzschutz stimmt.

einiges gegen deren Verwendung. Akzeptabel sind sie allenfalls, wenn sie nachweisbar aus nachhaltiger Plantagenbewirtschaftung und nicht aus zerstörerischem Raubbau an der Natur stammen. Bliebe aber immer noch das Problem mit den weiten Transportwegen und der Tatsache, dass von heimisch natürlich keine Rede mehr sein kann. Also bleibt man doch lieber beim Heimischen. Was auch gut möglich ist – trotz der oben geschilderten Probleme. Denn zu den Hauptursachen von Holzzerstörung gehört der mangelnde konstruktive Schutz vor Feuchtigkeit. Bei fachmännischer Verarbeitung, wenn beim Bau darauf geachtet wird, dass später keine Feuchtigkeit ins Holz eindringen kann, nirgends Wasser stehen bleibt, die Oberflächen immer gut abtrocknen können und vor allem das Holz niemals in Dauerkontakt mit feuchtem Erdreich oder Spritzwasser kommt, können auch Konstruktionen aus unseren heimischen Holzarten ein ganz beachtliches Alter erreichen. Am besten eignen sich hier Eiche und Robinie, gefolgt von Edelkastanie, Lärche und Douglasie. Andere Hölzer müssen in jedem Fall imprägniert sein, um Wind und Wetter standhalten zu können. Solche Behandlung färbt das Holz aber immer ein, es kann in sichtbaren Bereichen also nur schwer ohne weitere Oberflächenbehandlung eingebaut werden. Zudem sind solche Werkstoffe später oft nur noch als Sondermüll zu entsorgen – ein Ende ohne Kreislaufwirtschaft. Wofür man sich schließlich entscheidet, bestimmen der persönliche Geschmack und der Geldbeutel. Und die Verfügbarkeit des gewünschten Holzes im Handel.

Zur Einheit verwoben sind Holztreppe und die seitliche Pflanzung aus Felsenmispeln. Der Anblick mag zwar malerisch sein, ein Vorbild ist das Beispiel aber nicht. Holz ist als Material für Stufen und Treppen im Außenbereich nicht geeignet. Selbst bei selten benutzten Wegen sollte man darauf verzichten. Die Oberfläche kann gefährlich glatt werden. Wenn wie hier der Treppenlauf zudem relativ lang ist und kein Handlauf vorhanden ist, kann der Spaziergang durch den Garten zum gefährlichen Abenteuer werden.

Natur pur oder Farbe?

Wer den natürlichen Charakter des Holzes liebt, wird es unbehandelt lassen. So nimmt es mit der Zeit eine silbrig-graue Patina an. Wenn aber Stil und persönliche Vorlieben nach farbiger Gestaltung verlangen, das gebaute Objekt sich deutlich von seiner Umgebung abheben soll, selbst Blickfang ist, so ist ein Anstrich erforderlich. Hier unterscheidet man zwischen Lasuren, die offenporig sind und die

Maserung und Struktur des Holzes noch sichtbar lassen und deckenden Lacken von matt bis glänzend. Beide müssen aber regelmäßig alle paar Jahre erneuert werden. Wenn sie selbst als Holzschutz dienen sollen, ist das sogar zwingend erforderlich. Denn ist die Farbe erst gerissen, kann Nässe wieder ins Holz eindringen. Ist ein Anstrich gewünscht oder erforderlich, sollte aber immer auf möglichst umweltfreundliche Produkte zurückgegriffen werden. Entsprechende Warenzeichen helfen hier weiter.

Stil und Zweck

Holz im Garten kann unendlich verschieden aussehen. Stil und Verwendungszweck bestimmen über den Grad der Oberflächenbearbeitung. Vom ungeschälten Stamm als Beeteinfassung oder ungeschälten Ästen als Zaunmaterial im naturnahen Garten bis zu handwerklich meisterhaft ausgeführten, mit zahlreichen Zierelementen versehenen Treillagen und Pavillons in historischen Anlagen. Holz kann grob, wuchtig und rustikal, genauso aber elegant, filigran und modern sein. An Oberflächen ist bei gesägtem Holz alles möglich von naturrauh über gehobelt bis geschliffen. Die Kanten können, um das Verletzungsrisiko zu verringern, gefast werden. Riffelungen machen Bretter und Bohlen tauglich als Bodenbelag. Seine gute Verarbeitbarkeit macht Holz so wertvoll als Baustoff. Es ist dadurch anpassungsfähig und findet viele Anwendungsmöglichkeiten. Holz ist Material für Zäune und Tore, Gartenhäuser, Pavillons und Pergolen, Rankgerüsten und Mobiliar. Auch als Bodenbelag wird es immer beliebter. Eher problematisch ist der Einbau als Stufen und Palisaden zu werten, beim ersten wegen der erheblichen Rutschgefahr, beim anderen wegen der geringen Haltbarkeit. Beides sind eigentlich keine materialgerechten Anwendungen.

Einheit von Haus und Garten. Holz im selben Farbton bestimmt die Gestaltung von Terrasse und Holzdeck im Garten und verbindet so Gebäude und Außenraum.

Tipp

Holz als Wegebelag sollte auf nicht ständig benutzte Nebenwege und Pfade beschränkt werden. Holzhäcksel und Rinde wird im Gegensatz zu Balken, Bohlen und Holzpflaster nie zur Rutschgefahr.

Interessante Gliederung. Holz und Kies sind hier zu einem grafisch gegliederten Weg zusammengefügt. Eine simple Idee mit großer Wirkung. Positiver Nebeneffekt ist die drainierende Wirkung des Kieses, so dass Feuchtigkeit vom Holz ferngehalten wird.

Weg nach Bauerngartenart. Einfache Bretter geben die Richtung vor. So bleiben die Wege flexibel und können leicht versetzt werden. Eine dünne Schicht Kies oder Splitt schützt Bretter vor feuchtem Erdreich.

Schwungvolle Linienführung. In solcher Verwendung sieht man Rinde sicher selten. Hochkant gestellt begrenzt sie das Beet im Gemüsegarten und verhindert so, dass Erdreich in den Weg rutschen kann.

Oben: *Klimawechsel. Im mediterranem Klima mit seinen geringeren Niederschlagsmengen ist Holz im Gegensatz zu unseren Breitengraden auch als Material für den Treppenbau im Außenbereich denkbar. Kleine Richtungswechsel im Treppenlauf verleihen der Stufenanlage eine gewisse Verspieltheit.*

Mitte: *Rindenhäcksel ist ein preiswertes und doch funktionelles Wegematerial. Am besten ist er in schattigen Gartenpartien zu verwenden, da er hier nicht austrocknet. Die besondere Qualität solcher Pfade fühlt man beim Laufen. Sie sind angenehm weich und federn alle Schritte ab.*

Unten: *Holzpflaster kann aus runden wie auch aus rechteckigen Querschnitten hergestellt werden. Das Schöne am Rundholzpflaster ist, dass kleine Pflänzchen sich die Zwischenräume erobern können. Wichtig wie bei allen Belägen aus Holz ist ein Schotter- oder Kiesunterbau, damit Wasser zügig abgeleitet wird.*

Holz pur. Obwohl fast ausschließlich mit Holz gestaltet, wirkt der Dachgarten doch alles andere als rustikal. Über die Wirkung entscheidet in hohem Maß die Verarbeitung. Und die erzeugt hier zwar eine gemütliche Atmosphäre, aber mit heiterer Stimmung und eleganter Note. Die einheitliche Farbgebung und die Beschränkung auf die Farben Hellbraun und Grün mit einem kleinen Schuss von metallischem Zink lassen den Raum trotz seiner kleinen Fläche großzügig erscheinen.

Zäune und Tore – attraktive Grenzen setzen

Bank und Tor fügen sich zusammen zu Bild und Rahmen. Hohe grüne Heckenwände werden für einen Durchschlupf unterbrochen, der mit dem schlichten Tor aus weiß lasiertem Holz markiert wird. Es schließt den Garten einerseits zum vor Blicken geschützten Raum, andererseits macht es, blickdicht, neugierig auf das, was es wohl hinter sich verbergen mag (linke Seite). Staketenzäune aus Holz sind die typische Einfriedung von Bauerngärten. Umspielt von Kletterpflanzen und Stauden, wird ihnen die Strenge genommen. Die Grenze, die sie markieren, wird zwar wahrgenommen. Doch der bunte Blumenschmuck lädt gleichzeitig ein zum Blick über den Zaun (oben).

Zaunvarianten

Zäune gehören zur Geschichte der Gärten. Ihr ursprünglicher Zweck war es, das der Wildnis mühevoll abgerungene Stück Gartenland vor Tieren, die die angebauten Früchte zerstören könnten, zu schützen. Solche Überlegungen werden heute zwar nicht mehr gehegt, wenn es an die Planung der Einfassung von Grundstücken geht. Dennoch hat diese eine Reihe von Aufgaben zu erfüllen. Sie soll unerwünschte Eindringlinge und streunende Tiere fernhalten und privaten von öffentlichen Raum abgrenzen. Grundstücksbesitzer wollen nach außen deutlich machen, was ihr Grund und Boden ist. Jede Art von Einfriedung sagt auch ein Stück weit etwas über den Charakter seines Erbauers aus und wirkt wie eine Visitenkarte.

Nachbarschaftliche Beziehungen

Erster Schritt bei der Planung eines Zaunes muss immer der »Blick über den Zaun« sein. Gerade an der Grundstücksgrenze, wo privates Reich und Straßenraum oder zwei Nachbargärten aneinander stoßen, gilt es Rücksicht zu nehmen. Rücksicht auf die Gestaltung der Umgebung und das Ortsbild, Rücksicht auch auf die Wünsche des Nachbarn. Ein Grund, warum so viele Straßen und Orte wenig einladend und seelenlos wirken, liegt darin, dass dem Straßenraum, der wesentlich von seinen Begrenzungen, den Zäunen, Mauern, Hecken und Bäumen geprägt wird, zu wenig Aufmerksamkeit geschenkt wurde.
Wuchtige Zaunsockel, ein Sammelsurium von Zauntypen, Mauern, Materialien und Farben und zu wenig den Straßenraum prägendes Grün lassen nicht zur Ruhe kommen und haben eher abweisen-

Oben: *Rustikale Note. An die Umgrenzung einer Koppel oder Weide erinnert dieser Zaun aus einfachen Rundholzstangen. »Überspitzte« Pfosten ergeben einen ungewöhnlichen Rhythmus und setzen sich der deutlich horizontalen Gliederung entgegen. Derartig gestaltete Zäune passen am besten zu großzügigen Grundstücken und sollten nur im Anschluss an die freie Landschaft verwendet werden.*

Unten: *Asiatisches Flair. Bambus bringt fernöstliches Ambiente in unsere Gärten – lebend als imposantes und doch feingliedriges, raumgliederndes immergrünes Gras wie auch die geernteten Stangen als Baustoff für transparente Wände, Zäune und Gitter. Natürliche Verdickungen und die von Art und Sorte abhängige und wechselnde Färbung und die unterschiedlichen Durchmesser lassen reizvolle und ungewöhnliche Kombinationen nur aus diesem einen Material zu.*

Oben: *Interne Gliederung. Zäune grenzen nicht nur den Garten nach außen hin ab. Gerade in größeren Gärten können sie auch ein wichtiges Hilfsmittel zur Trennung, Gliederung und Betonung einzelner Gartenräume und Elemente sein, wie in diesem Beispiel zu sehen. Strahlendes Weiß setzt sich effektvoll vom Grün der Pflanzen und den magentafarbenen Rosenblüten ab. Stauden und rankende Pflanzen geben dem Zaun einen »grünen Fuß« und integrieren ihn ganz selbstverständlich in die Szene.*

Unten: *In Würde gealtert. Wind und Wetter verleihen gerade natürlichen Materialien eine eigentümliche und reizvolle Patina. Sie ist das Zeichen des Gewachsenen und erzählt von der Geschichte des Gartens. Sie zuzulassen ist keine Nachlässigkeit, sondern zeigt den Respekt vor Material und Konstruktion. Bei Holz setzt diese Form des Alterns voraus, dass unbehandeltes Holz verwendet wurde.*

den als einladenden Charakter. Dabei wäre schon mit wenigen Regeln viel getan.

▷ Gemeinsamkeiten in Formen, Farben und Materialien verbinden, schaffen Großzügigkeit und Identität in einer Straße, Siedlung oder einer Ortschaft.

▷ Individualität ist trotzdem erlaubt und erwünscht. Die kann sich aber auch in Details und Spielarten eines Themas ausdrücken.

▷ Zäune und Grün gehören zusammen. Pflanzen beleben das tote Bauwerk und schaffen einladende Übergangszonen, die Besucher willkommen heißen. Im Idealfall ist dem Zaun ein Grünstreifen vorgelagert.

▷ Zäune sollten immer nur so hoch wie nötig sein. Eine Höhe von 90 bis 100 cm ist im Regelfall ausreichend. Werden 1,20 m überschritten, wirkt der Zaun als deutliche Absperrung.

▷ Auf Sockel sollte möglichst verzichtet werden. Sie sind in vielen Fällen gestalterisch unbefriedigend, wirken abweisend und sind eine unüberwindbare Barriere für viele Kleintiere, die zwischen den Gärten wandern.

▷ Bei der Gestaltung immer sowohl an Außen- wie auch Innenwirkung denken. Zäune sollen im Inneren des Gartens Geborgenheit vermitteln, eventuell auch die Funktionen von Sicht-, Lärm- und Windschutz übernehmen. Nach außen definieren sie Grenzen und sind Schmuck und Visitenkarte für Haus und Garten.

▷ Vor Planung und Bau immer nach gesetzlichen Bestimmungen wie den Vorgaben der Landesbauordnung oder eines eventuell vorhandenen Bebauungsplanes erkundigen! Ansprechpartner ist hier die örtliche Gemeindeverwaltung.

Oben: *Tore haben ambivalente Doppelfunktionen. Einerseits schließen sie einen Raum deutlich ab und markieren und kontrollieren dessen Zugang. Andererseits begrüßen sie Besucher und öffnen schließlich eben diesen Raum für uns. Sie können sich entweder ganz bescheiden in ihrer Umgebung zurückziehen und erst bei näherem Hinsehen auffallen oder aber ganz selbstbewusst im Mittelpunkt stehen, Eingänge weithin sichtbar markieren und repräsentative Funktionen übernehmen. Immer aber müssen sie mit ihrer Umgebung harmonieren, mit Zäunen, Mauern und Hecken. Halbtransparente Konstruktionen wie diese lassen eine leise Ahnung vom dahinter Verborgenen zu, mehr aber machen sie neugierig auf das, was sich dem Blick zunächst entzieht.*

Unten: *Charmanter Lockvogel. Dekoration ist auch bei Zäunen durchaus erlaubt.*

Traditionelle Formen

Holz ist das für Zäune am häufigsten verwendete Material und bietet durch seine hervorragende Verarbeitbarkeit viele Gestaltungsmöglichkeiten. Entsprechend groß ist die Auswahl an Holzzäunen hinsichtlich Form, Farbe und Stil. Zu naturnahen Gärten, und wenn landschaftsgerechtes Bauen von Bedeutung ist, sind **Hanikelzaun** und **Staketenzaun** die erste Wahl. Während Hanikelzäune aus jungen, ungeschälten Fichten- oder Tannenstämmchen entstehen, kommen beim Staketenzaun gespaltene, halbrunde Profile, geschält oder ungeschält, aber keinesfalls gefräst, zum Einsatz. Eine Spielart dieser Zaunformen, die sich in städtisches Ambiente besser einfügt, ist der **Lattenzaun** aus gehobelten Dachlatten oder Kanthölzern.

Bei allen drei Zaunformen werden die Köpfe der senkrechten Hölzer angespitzt oder abgeschrägt, die Pfosten sind in der Regel hinter der Lattung angeordnet, so dass sich außen ein ruhiges Bild präsentiert.

Tipp

Pflanzen, die den Zaun locker umspielen, integrieren diesen besser in seine Umgebung. Hinterpflanzte Sträucher übernehmen diese Funktion ganz selbstverständlich. Ist aber ein transparenteres Bild erwünscht, so bietet sich ein Sockel aus Stauden als farbenfroher Vermittler an. Romantische Eindrücke vermitteln zart verwobene Kletterpflanzen wie Clematis, Hopfen, Wicken, Winden, Kapuzinerkresse oder Schwarzäugige Susanne.

Tore schließen die notwendigen Unterbrechungen in Zäunen, Mauern und Hecken, die die Verbindungen von Garten und außen liegendem Raum erfordern. Während Nebeneingänge und Pflegezufahrten sich in der Regel unauffällig in die nachbarschaftliche Umgebung eingliedern, können Tore zu Hauptwegen oder solche, die eigenständige Gartenräume trennen, auch gerne auffallen. Gestaltet als weithin sichtbarer Blickfang, ziehen sie förmlich in den verborgenen Raum hinein.

Rückendeckung. Auch Schilfrohr lässt sich zu ansprechendem Sichtschutz verarbeiten. Hier ist es einfach lose zwischen senkrechte Pfosten aus Holz aufgeschichtet, ganz ungezwungen und selbstverständlich in der Wirkung. Schilfrohr und andere verholzte Halme von Gräsern wie etwa auch Bambus, sind wegen ihrer Brüchigkeit zwar nicht zum Flechten geeignet, doch lassen sie sich gut bündeln oder zu Matten verarbeiten.

Flechtwerke

Naturnahen Charakter erhalten Gärten mit der Verwendung von geflochtenen Ruten von Weide und Hasel. Zu Flechtzäunen verarbeitet schaffen sie wirkungsvolle Einfriedungen. Traditionell sind Formen, bei denen noch biegsame Triebe zu Weidezäunen oder Umgrenzungen von Bauerngärten geflochten werden. Leider sind Zäune dieser Art aber nicht lange haltbar. Schon nach kurzer Zeit nagt der Zahn der Zeit an ihnen, und Wind und Wetter führen zu einer recht zügigen Zerstörung der vergänglichen Schönheit. Länger Freude machen da lebende Zäune, für die noch austriebfähige Ruten in den Boden gesteckt werden und zu einem üppig sprießenden Geflecht verwoben werden. Geeignete Arten hierfür sind Korb-Weide (*Salix viminalis*) oder Purpur-Weide (*Salix purpurea*). Verwendet werden ausschließlich einjährige Ruten ohne Verzweigung. Wer selber bauen will, ihm aber das Material fehlt, so kann er sich entweder an Korbflechtereien wenden, die zum Teil selbst Weidenplantagen betreiben oder aber Bezugsquellen nennen können. Eine andere Möglichkeit ist, sich an Straßenbau- oder Wasserwirtschaftsämter zu wenden, die häufig gerne Weidenmaterial abgeben, das bei regelmäßigen Pflegearbeiten an Gewässern und Böschungen anfällt. Beste Einbauzeit ist das Frühjahr, weil hier die höchsten Anwachserfolge zu erzielen sind. Geerntete Ruten sollten außerdem bis zum Einbau in Wasser gestellt werden. Neben den Zäunen haben sich Weidengeflechte in den vergangenen Jahren neue Einsatzfelder erobert. Weidentunnel, -iglus und -tipis sind aus naturnahen Spielräumen nicht mehr wegzudenken, Lauben aus Weide und Hasel schaffen geborgene Ecken im Garten.

Oben: *Traditionsbewusstsein. Zäune dieser Art fanden in früheren Zeiten als Eingrenzung von Weideflächen Verwendung. Heute schaffen sie wirkungsvolle, blickdichte Einfriedungen mit unübertroffen natürlichem Charakter.*

Unten: *Fließende Übergänge. Als Zaun mit Durchbrechungen zeichnet dieses Flechtwerk zwar die Grenze zwischen Blumengarten und Wiese nach. Aber dank der »Zaungäste«, die den Weg zum Nachbarn suchen, ist die Linie weich und scheint zu verschwimmen.*

Pergolen, Pavillons, Gartenhäuser – Refugien und Blickpunkte schaffen

Eine geometrische Grundform, das Quadrat, bildet bis ins Detail die Grundform für die Pergola (linke Seite). Die strenge Axialität zum Haus ist die logische Fortführung des formalen Themas. Geradlinig, ruhig und klar schafft sie einen herausgehobenen und besonderen Raum inmitten des Gartens. Wärme und Behaglichkeit vermittelt das gewählte Material, Holz in hellbraunem Naturton. Das Gitterwerk vermittelt Transparenz und Geschlossenheit zu gleichen Teilen. Kletterpflanzen werden zunehmend die Wände erobern und die Konturen des luftigen Gebäudes verwischen.
In abgelegeneren Teilen des Gartens schaffen Lauben eigenständige Schwerpunkte abseits vom Hauptgeschehen. Von hier ist der Garten auf eine ganz andere Weise zu erleben, in neuen Bildern, Farben und Stimmungen, als etwa von der Terrasse am Haus (rechts).

Zimmer mit Ausblick

Oben: Versteckspiel. Ganz unauffällig zieht sich diese Bank unter der Pergola zurück. Das üppig rankende Glyziniendach verleiht der Szene einen leicht verwunschenen Charakter. Ungehobelte Rundholzpfosten unterstreichen den naturnahen Charakter – Einheit von Stil und Material.

Schöne Detaillösung. Die Verbindung von Stützen und Auflagern wird meist mittels Schrauben oder Nägeln hergestellt. Hier sind die Rundhölzer mit einem Seil aus Naturfaser miteinander »verstrickt«. Dem Ausführenden wird an handwerklichem Geschick abverlangt, dafür wird er mit einem ungewöhnlichen Blickfang belohnt.

Sitzplätze, Orte zum Aufhalten, für gesellige Stunden oder zum stillen Zurückziehen, Orte, an denen sich der Garten mit all seinen sinnlichen Qualitäten genießen lässt, sind ohne Zweifel mit die wichtigsten Elemente eines jeden Gartens. Während Terrassen und andere Sitzplätze mit und ohne dauerhafter Befestigung den Garten unmittelbar und ohne Distanz erleben lassen, bieten Pergolen, Lauben, Pavillons und Gartenhäuser ganz andere Qualitäten. Sie sind Rückzugsorte, Orte der Ruhe, die den Garten aus einem anderen, neuen Blickwinkel erleben lassen. Begrenzt zum Teil durch Wände, Rankgitter und kletternde Pflanzen, führen sie nur einen begrenzten Ausschnitt aus dem großen Gartenbild vor Augen und verleihen dadurch diesem einen Aspekt besondere Bedeutung. Sie sind Räume, aber meist doch nicht wirklich geschlossen. Sie öffnen sich zum Himmel, der Sonne, an den Seiten ganz oder halboffen zum Garten hin. Solche Architekturen passen in jeden Garten, egal welcher Größe oder Stilrichtung. In Hausnähe oder dessen Sichtweite sollten Stil, Material, Formen und Farben aufeinander abgestimmt werden. In abgelegeneren und versteckten Ecken oder eigenständigen Gartenteilen können aber auch ganz eigenwillige Entwürfe realisiert werden. Diese »Gartenräume« dürfen sich, ganz nach Geschmack und Laune, selbstbewusst ins Rampenlicht rücken, selbst Blickfang sein und gleichzeitig schöne Aussichten bieten. Sie können aber auch ganz selbstverständlich mit ihrem Umfeld verschmelzen und sich unauffällig unter einem grünen Mantel zurückziehen und so zu echten Verstecken werden. Gerade in formalen Gärten bieten Pavillons oder Lauben her-

Traditionelles Vorbild. Den Kreuzungspunkt schmaler, buchsgesäumter Wege markiert diese Laube aus weiß gestrichenem Holz, klassisch im achteckigen Grundriss. Das hohe Dach ist komplett eingesponnen mit einem grünen Blätterkleid. In den Seitenwänden setzen Füllungen mit Rautenmuster dekorative Akzente.

vorragende Schwerpunkte für Achsen. In kleinen Gärten können sie als gestalterisches Gegengewicht zum Haus auftreten. Romantische und »wildere« Gärten sind ohne eigentlich gar nicht vorstellbar.

Himmlische Eindrücke und Schattenspiele

Die luftigsten unter allen oben genannten Konstruktionen sind die Pergolen und die ihnen verwandten Lauben und Laubengänge. Bestehend aus stützenden Pfosten, Säulen oder Pfeilern und darauf ruhenden Auflagern aus Rundhölzern, Kanthölzern oder aus Stahlprofilen, lassen sie den Blick nach oben, zum Himmel und dem Spiel der Wolken frei. In ihrer ursprünglichen Heimat in südlichen Gefilden hatte die Pergola einen einfachen Zweck. Ihr kühler Schatten war eine wahre Wohltat in Zeiten brütender Hitze. Auch im gemäßigten Klima Mitteleuropas weiß man an Sonnentagen diesen Vorteil, aber auch das lebhafte, sich ständig wandelnde Spiel aus Licht und Schatten sehr zu schätzen. Doch ebenso zählen ihre geschützte Atmosphäre und die Möglichkeit, attraktive Kletterpflanzen effektvoll präsentieren zu können, zu den Pluspunkten einer Pergola.

Panoramablick mit Wetterschutz

Pavillons können im Gegenzug mit einem festen Dach über dem Kopf aufwarten. Sie dienen also auch bei unwirtlicherem Wetter als Herberge für den Aufenthalt im Garten. Besonders, wenn die Wände zum Teil oder auf halber Höhe geschlossen sind. Die offenen Flächen können mit Gittern gegliedert sein, besonders komfortabel wird es, wenn diese mit Glas geschlossen werden und so Wind und Wetter aussperren.

Oben: *In luftigen Höhen. Baumhäuser stehen auf der Liste der Kindheitsträume auch heute nach wie vor ganz oben. Schließlich ist das Gefühl von Freiheit, zwischen den Kronen der Bäume, abgehoben von den »bodenständigen« Tatsachen von keinem anderen Ort im Garten zu übertreffen. Soll es tatsächlich in einen Baum gebaut werden, so muss dieser ausreichend groß und stabil sein. Ansonsten lassen hölzerne Stelzen wie hier das Gebäude vom Boden abheben.*

Unten: *Ein Sitzplatz am Wasser besitzt seine ganz eigenen Reize. Wenn er nur über einen schmalen Steg zu erreichen ist, wird er zum echten Rückzugsort in beschaulicher Atmosphäre.*

Oben: *Blockhausromantik. Fast schon eine moderne Anmutung erhält dieses Gartenhaus durch das grafische Spiel aus abwechselnd geschichteten Birkenstämmen und den einfachen kubischen Baukörper. Wenn auch die Läden der wenigen Fenster und Türen geschlossen sind, kann sich die durchdacht gestaltete Fassade der stillen Klause ungestört zur Schau stellen.*

Unten: *Elegante Leichtigkeit. An Szenen aus romantischen Landschaftsgärten erinnert diese Situation. Der Pavillon ist attraktiver Sitzplatz mitten im Grünen, aber auch wichtiges Gestaltungselement. Die heitere, kleine Architektur gibt dem Bild einen Schwerpunkt und dem Auge einen konstanten, ruhigen Halt im grünen Pflanzendschungel.*

Rankbögen und Klettergerüste

Seite 52 links oben: *Perspektive und Tiefe erzeugen hier gleichartige, in Reih und Glied gesetzte Rankbögen aus Holz. Durch die nachgeahmte Giebelform entsteht trotz der Zäsuren fast der Eindruck eines einzigen durchgängigen, aber sehr transparenten Gebäudes.*

Seite 52 rechts oben: *Rankbögen betonen Eingänge, laden ein, durch sie hindurchzuschreiten, sind Träger für prächtig blühende Rosen und Clematis und dabei selbst tragende Gestaltungselemente. Holz als Material wird dabei zunehmend beliebter und verdrängt fast die traditionellen, filigranen Modelle aus Eisen.*

Seite 52 links unten: *Wesentlich geschlossener ist die Wirkung, wenn die einzelnen Bögen zu einem Laubengang verbunden werden. Ein Dach aus Kletterpflanzen erzeugt eine angenehm kühl-schattige Atmosphäre und vermittelt zwischen starrem Bauwerk und den lockeren Formen der Pflanzen.*

Seite 52 rechts unten: *Sicher nicht jedermanns Sache, aber zweifellos ein echter Hingucker ist diese Variante aus ungeschälten Ästen und Zweigen mit ihren natürlichen, hier ein wenig bizarr wirkenden Wuchsformen.*

Wirkungsvoller und ansprechender Sichtschutz lässt sich mit halbtransparenten Rankwänden aus Holz realisieren. Geschickt ist hier ein laubenförmiger Sitzplatz integriert worden.

Oben: *Wie aus einem Guss fügen sich Zaun und Bank zusammen. Gleiches Material, gleicher Stil und gleiche Farbe erzeugen ein einheitliches, aber nicht monotones Bild.*

Links unten: *Parkbänke aus Holz werden häufig farbig gestrichen. Aber auch mit unbehandelter Oberfläche verlieren sie nichts von ihrer Ausstrahlung.*

Rechts unten: Über den Garten verteilt, schaffen Bänke Sitzplätze mit ganz unterschiedlichen Qualitäten.

Rechte Seite: *Platziert mitten in die Pflanzung im schützenden Schatten eines Baumes, kann der Sessel seinen natürlichen Charme voll ausspielen.*

Gartenmöblierung – Nützliches und Dekoratives

Ein Garten sollte immer nach folgendem Prinzip geplant werden. Zunächst werden große Formen und Bereiche für alle gewünschten Funktionen, Aktivitäten und Themen festgelegt. Bauliche Strukturen und die Auswahl von Pflanzen und Materialien folgen. Damit steht der feste und dauerhafte Rahmen. Und der darf nun noch bestückt werden, mit Möbeln, mit Skulpturen und Dekoration, mit Blickfängen und dauerhaften oder auch nur temporären Farbtupfern.

Plätze zum Verweilen und Genießen

Gartenmöbel sind zunächst und in erster Linie Zweckgegenstände. Wir benötigen sie, um uns auf Terrassen und Sitzplätzen, in Lauben, Pergolen und Pavillons niederlassen zu können. Tische, Bänke, Stühle, Sessel und Liegen, aber auch Schirme, Markisen oder Paravents machen das Leben im Freien angenehmer und komfortabel. Doch daneben bestimmen sie auch ganz erheblich das Bild vom Garten mit. Sorgfältige Auswahl ist daher unerlässlich. Zunächst müssen Gartenmöbel natürlich bequem sein, auch bei längerem Aufenthalt. Ein Stuhl, der nur hübsch anzusehen ist, wird seinen Platz nicht lange behaupten können. Dass Holz, das warme Material mit der angenehmen Haptik, hier häufig die erste Wahl ist, verwundert nicht. Zudem ist es auf unterschiedlichste Weise zu verarbeiten und kann sich somit jeder Stilrichtung anpassen. Wenn absolut wetterfestes Holz wie Teak oder Kambala gewählt wird, ist ein schützender Anstrich nicht erforderlich. Die Möbel können dann ganzjährig an Ort und Stelle im Freien bleiben und setzen eine graue Patina an. Wem das nicht gefällt,

Ein Dorf en miniature. Unterkunft für gefiederte Gesellen bieten die farbigen Häuschen aus Holz. Zum Schutz vor räuberischen Katzen sollte am tragenden Stamm allerdings ein Stachelkranz oder ähnliches angebracht werden. Bei solchem Gartenschmuck ist immer ein wenig Vorsicht geboten. Leicht drängt sich das Dekor in den Vordergrund, wo eigentlich die Funktion das Entscheidende ist.

kann mit pflegenden Ölen den natürlichen Farbton des Holzes erhalten oder aber mit farbigen Lasuren oder Farbanstrichen die Möblierung auffälliger gestalten.

Der Stil von Garten und Haus ist immer die Maßgabe für die Auswahl der Möbel. Diese dürfen zwar gerne auffallen, durch ihre gelungene Gestaltung, ihr Dekor und die mit dem Umfeld im Gleichklang oder Kontrast harmonierende Farbgebung, nicht aber unangenehm ins Auge stechen und sich als Fremdkörper von ihrer Umgebung abheben.

Gute und schöne Möblierung ist eine langfristige Investition. Der Blick allein auf einen vielleicht zunächst günstigen Preis sollte daher nicht das Hauptkriterium bei der Auswahl sein.

Akzente setzen

Ein schöner Garten wäre zwar für sich allein schon Zierde genug. Etwas Dekoration ist aber durchaus erlaubt und kann die Wirkung des Gesamten sogar steigern. Akzente am rechten Ort werten vormals unbeachtete Ecken auf, unterstreichen bei richtiger Wahl Atmosphäre und Stimmung des Gartens und können diesem bei wechselndem Schmuck immer wieder neue Eindrücke abgewinnen. In Gärten früherer Epochen gehörten ein jeweils bestimmter Kanon von Ornamenten, Symbolen, Skulpturen, Figuren und Vasen zum festen Bestandteil einer jeden künstlerisch gestalteten Gartenanlage. Heute ist die Wahl frei. Eine mögliche Vorgabe ist der Gartenstil. Formale Gärten im klassischen Stil gewinnen durch Vasen, Amphoren, Säulen und Figuren nach altem Vorbild. Moderne Skulpturen können, richtig platziert, in jedem Garten zur rech-

Oben: *Taubenschläge sind noch so mancherorts in Höfen und Ortschaften zu finden. Oft wurden sie mit viel Liebe zum Detail gestaltet und haben sich so zu weithin sichtbarem Schmuck entwickelt. Sie zu erhalten und zu pflegen, selbst wenn sie wie so oft nicht mehr belegt sind, lohnt sich in jedem Fall. Als Zeugnis vergangener Zeiten und als Blickfang für heute.*

Unten: *Sonnenbad am Pool. Aufwändige Schnitzarbeit steckt in solchem Figurenschmuck. Sein Einsatz sollte aber sehr sparsam geschehen, da die Situation sonst schnell zum Kitsch hin umkippt. Als einzelnen witzigen Gag kann man sich ein solches Stück aber schon einmal erlauben.*

ten Wirkung gelangen, frei gestellt oder im Zusammenspiel mit pflanzlichen Nachbarn.
Doch eines gilt immer, unabhängig vom Stil des Gartens und Dekors: Der Schmuck ist immer nur der Akzent, das i-Tüpfelchen auf der gelungenen Anlage und ist entsprechend zurückhaltend einzusetzen. In diesem Fall steht mit dem rahmenden Garten sozusagen der Hintergrund im Vordergrund.

Tipp

Dekor darf immer nur Beiwerk im Garten sein. Sollen in mehreren Ecken Akzente gesetzt werden, so sind diese, um Unruhe zu vermeiden, unbedingt in einem durchgängigen Stil auszuführen.

Kunst im Freiraum. Skulpturen wie diese Arbeit aus Holz finden im Garten perfekte Hintergründe. Hier mit der intensiv roten Mauer, die als Leinwand für Spiele von Licht und Schatten der Kunst einen sich ständig wandelnden Rahmen bietet. Doch nicht nur gebaute Strukturen sind gute Partner, auch pflanzliche Strukturen von Grün bis blühend können je nach Objekt die Wirkung und Stimmung fördern und unterstreichen.

Stein – Beständigkeit, Wert, Natürlichkeit

Die Welt der Natursteine

Wege, Terrassen, Treppen, Mauern, Säulen und Pfeiler für Zäune und Pergolen bestimmen ganz wesentlich das Erscheinungsbild eines Gartens. Völlig zu Recht wird ihrer Gestaltung viel Raum und Aufwand bei der Planung eingeräumt. Das älteste, traditionsreichste und auf lange Sicht beständigste Material hierfür ist Naturstein. Ob der Stein im Vordergrund der Gestaltung steht (Seite 62/63 und linke Seite) oder vom Grün des Rasens (rechts) beherrscht wird, ändert nichts an seiner zeitlosen Schönheit.

Besondere Qualitäten

Häufige Assoziationen zu Naturstein sind Dauerhaftigkeit, Bodenständigkeit, hoher Wert – und Preis – und, je nach Bearbeitung, eher Rustikalität oder Eleganz. Tatsache ist in jedem Fall, dass Naturstein nicht zum stillen Wirken im Hintergrund geeignet ist und dafür auch zu schade wäre. Er fällt immer ins Auge, dezente Spielerei ist seine Sache eher nicht. Wäre auch Verschwendung. Schließlich wird er mit großem technischen und Kraftaufwand gewonnen und ist nicht erneuerbar. Das macht ihn auch so einzigartig, individuell und wertvoll. Sein Einsatz sollte also niemals achtlos geschehen und mit großem Bedacht für eine Dauer von zumindest mehreren Jahrzehnten geplant werden. Alles andere wäre gedankenlose Verschwendung eines Rohstoffes mit erschöpflichen Quellen. Temporäre oder Übergangslösungen sind seine Sache nicht. Er will an dem Ort, an den er gesetzt wird, Ruhe finden, um seine ihm eigentümliche Ruhe ausstrahlen zu können. Das erfordert auch Geschick, Gespür und große handwerkliche Qualitäten vom Steinsetzer.
Er muss, um dem Material gerecht zu werden, den Charakter und die Eigenart eines jeden einzelnen Steins erkennen und ihn mit all den anderen Steinen zu einem ästhetischen und technisch einwandfreien Gefüge zusammensetzen. Alles andere ist eher gedankenloser Pfusch. Nicht umsonst spricht man von Handwerkskunst oder Pflasterkunst. Wer all das ins Kalkül zieht, wird vorsichtiger werden mit der Aussage, Naturstein sei teuer oder gar zu teuer. Naturstein ist nicht teuer, sondern im besten Sinne wertvoll. Er ist sein Geld wert, ebenso wie die Arbeit des Steinbearbeiters.
Stein ist zunächst ein kühles und rein objektiv betrachtet totes Material. Es fühlt sich beim Tasten schließlich auch kühl an. Aber es kann mit seiner ihm eigenen Ausstrahlung dank lebendiger Maserung, Farbe, Struktur und Textur Wärme und Behaglichkeit vermitteln.
Stein ist zwar selbst kalt, ist aber ein hervorragender Wärmespeicher. Von Sonnenstrahlen aufgeheizte Mauern, Platten und Pflaster geben auch dann

Linke Seite: *Stein als Thema. Zentrales Gestaltungsmittel in diesem Garten ist der cremefarbene Stein, der in der Sonne zu leuchten beginnt und selbst den Schatten noch erhellt.*

Symbiose von Pflanze und Stein. Efeu und Natursteinmauer wirken wie natürliche Partner. Mauer und vorgelagertes Wasserbecken erscheinen wie aus einem Guss und verleihen der Szene zusammen mit dem durchgängig ruhigen Grün der Pflanzen eine angenehm beschauliche Atmosphäre.

noch angenehme Wärme ab, wenn die Sonne sich schon lange verabschiedet hat. Ein Aspekt, der gerade bei am Abend genutzten Sitzplätzen Berücksichtigung finden sollte. Ansonsten kann die Kühle des Steins auch gerade sein unschätzbarer Vorteil sein. Jeder, der schon unter glühender Hitze gestöhnt hat, wird dies bestätigen können. Kühlendes Mauerwerk, das die Wohltat des Schattens noch steigert, wird dann zum echten Gewinn.

Klassifizierung

Wenn Naturstein oben auch pauschal in den gemeinsamen Eigenschaften als Gruppe beschrieben wurde, so muss nun unbedingt auf die unendliche Vielfalt dieses Materials, die Farbpalette, die Herkünfte, die spezifischen Merkmale, die vielen Möglichkeiten der Oberflächenbearbeitung, von denen jede ganz eigene visuelle und haptische Vorzüge besitzt, und die zahlreichen Formen der Bearbei-

Deutliche Zäsur. Mit großer Geste schiebt sich der schmale Pool in den Hang. Becken und Umgriff sind gezielt gesetzte artifizielle Antagonisten zur umgebenden Naturlandschaft. Wahrscheinlich wurde auch deshalb bewusst auf Naturstein verzichtet und aufwändig gefertigte, rot changierende Betonplatten verwendet.

tung und Verarbeitung hingewiesen werden.
Natursteine lassen sich nach ihrer Entstehungsgeschichte in drei große Gruppen einteilen. **Erstarrungsgesteine oder Magmatite** sind das erstarrte Produkt von silikatischen Schmelzflüssen aus dem Inneren der Erde. Man unterscheidet zwischen im Erdinneren langsam erstarrten Plutoniten oder Tiefengesteinen und solchen, die beim Durchdringen der Erdkruste mehr oder weniger schnell verhärteten (Ganggesteine oder Vulkanite). Während beispielsweise Granit zu den Plutoniten zählt, werden Basalt, Lava, Tuff oder Bims zu den Vulkaniten gerechnet.
Ablagerungssteine oder Sedimentgesteine entstehen, wenn andere Gesteine oder andere Substanzen durch Wasser, Wind und Eis abgetragen, verfrachtet und/oder abgelagert wurden. Hierzu gehören Buntsandstein, Nagelfluh, Grauwacke, Travertin, Jurakalk und Muschelkalk.
Die **Umwandlungsgesteine oder Metamorphite** schließlich sind Magmatite, Sedimentgesteine oder ältere Metamorphite, die unter großem Druck und hohen Temperaturen in ihrer Struktur und/oder Dichte verändert wurden. Als Beispiele sind hier die Veränderung von Kalk zu Marmor, von Kohle zu Schiefer oder von Granit zu Gneis zu nennen.
Ein weitere grundlegende Klassifizierung ist die Einteilung in Hart- und Weichgesteine. Zu den **Hartgesteinen** gehören alle Magmatite sowie einige der Metamorphite. Sie zeichnen sich durch hohe Festigkeit und Wetterbeständigkeit aus. Granit, Syenit, Diabas, Gabbro, Gneis, Basalt, Basaltlava, Porphyr

oder vulkanischer Tuffstein sind hier einzuordnen. Unter den **Weichgesteinen** sind die Sedimentgesteine, Schichtgesteine und der überwiegende Teil der Metamorphite zu finden, also zum Beispiel Sandstein, Quarzit, Grauwacke, Nagelfluh, Kalkstein, Plattenkalk, Muschelkalk, Travertin oder Kalktuff. Die Steine dieser Gruppe kennzeichnet eine unterschiedliche Härte und Festigkeit, was beim jeweiligen Verwendungszweck zu berücksichtigen und abzuwägen ist. Gar nicht geeignet für den Einsatz im Freien ist der Plattenkalk.

Herkünfte

Welchen Stein man schließlich für den eigenen Garten wählt, hängt vom persönlichen Geschmack, von den Vorgaben des Hauses und auch vom Geldbeutel ab. Wer regionaltypisch bauen und die unter ökologischen Gesichtspunkten bedenklichen langen und energieverbrauchenden Frachtwege von Steinen etwa aus China, wie sie heute oft Verwendung finden, ablehnt, nimmt den Stein seiner Heimat, also den Stein, der in seiner Region natürlich vorkommt und dort auch abgebaut wird. Im süddeutschen Raum ist das etwa Kalkstein, mancherorts wie im Fichtelgebirge, Oberpfälzer und Bayerischen Wald, Schwarz- oder Odenwald Granit.
Sandstein wird in Regionen der nördlichen Mittelgebirge, in Rheinland-Pfalz, Hessen und in Franken abgebaut, ebenso in Teilen Baden-Württembergs. Die genannten Beispiele sind willkürlich gewählt, die Liste ließe sich lange fortsetzen.

Schwerelose Leichtigkeit. Scheinbar schwebend schiebt sich das Plateau über das Wasser und setzt sich so einfach über das eigentliche Gewicht und die Dichte des Materials hinweg. Dass die Masse des exakt bearbeiteten Steins nicht erdrückt, ist den spannungsvollen Schattenspielen sowie dem grünen Rahmen zu verdanken.

Beläge und Stufen – Variationen ohne Grenzen

Eine ebenso einfache wie raffinierte Methode, lange und schmale Wege optisch zu verkürzen, ist die Betonung und damit auch scheinbare Ausdehnung der Querrichtung. Wenn massive Platten mit geschüttetem Material kombiniert werden, entstehen darüber hinaus ungewöhnliche und spannungsreiche Bilder (linke Seite).
Sanfte Naturtöne von Beige über helles Grau bis zu warmen Brauntönen verbinden Platten und rahmende Gräser. Kontraste ergeben sich aus der statischen Ruhe des Weges und der Struktur und dem Windspiel der Pflanzen (oben).

Den Garten erschließen

Erste Überlegungen

Wege, Terrassen, Plätze, Stufen und Treppen sind das Skelett, das tragende Grundgerüst des Gartens. Sie können in die Mittlerrolle zwischen Gebautem und Natur schlüpfen, zählen selbst aber eindeutig zu den baulichen Strukturen. Sie gehören zu den dauerhaften Elementen, die durch alle Jahreszeiten hindurch Wirkung zeigen. Besonders im Winter, wenn viele Pflanzen sich zurückziehen und die Bühne freigeben für die »Dauerläufer«, die baulichen Elemente, können sie ihre Stärken voll ausspielen. Oder aber ihre Schwächen lassen sich durch nichts mehr kaschieren. Es sollte also gut überlegt sein, was man sich und seinen Gästen zu Füßen legt. Die Wegeform hängt im wesentlichen vom angestrebten Stil ab. Gerade Formen, Achsen

Oben: *Asiatisches Flair. Grauer Steingrus und Kies in verschiedenen Färbungen ergeben einen abwechslungsreichen Belag.*

Unten: *Ländlicher Charme. An einen Cottagegarten erinnert diese Szene. Eine Doppelreihe aus Klinkern dient als funktionelle und zierende Begrenzung und Trennung von Wegen und Beeten. Kies und Klinker variieren mit den gleichen Farbtönen.*

Oben: *Ein Belag, der weniger zum Beschreiten als zum Bestaunen gedacht ist. Die tönernen Töpfe setzen das Farbthema der roten Bänder fort. Sonnenstrahlen erwecken die Splitter aus Glas zum glitzernden Leben.*

Unten: *Trotz des formalen Entwurfs wirkt das Gärtchen alles andere als starr. Dank der »weichen« Texturen von Kies und Rindenmulch und Kanten überspielender Pflanzen.*

und Winkel passen zu formal gestalteten Anlagen und modernen Entwürfen mit klaren Linien. Geschwungene Verläufe, Verschwenkungen, »natürliche« Rundungen und ungezwungene Formen korrespondieren mit naturnahen Gärten und abstraktfreien Gestaltungen. Ein Prinzip sollte aber durchgehend angewandt werden; das Kombinieren von freien und strengen Formen setzt Könnerschaft voraus. Gerade in kleinen Gärten ist sorgfältige Planung zwingendes Muss. Denn hier, auf eng begrenztem Raum, fallen Fehler und Missgeschicke ohne Gnade sofort ins Auge. Das gilt für Form wie Material gleichermaßen. Besser ein Thema konsequent und überzeugend anwenden als sich in zu vielen Ideen verrennen. Stil bedeutet auch, sich zu entscheiden.

Funktionelle Erfordernisse

Die Breite von Wegen hängt in erster Linie von ihrer Belastung ab. Hauptwege, das Rückgrat des Gartens, oder Wege, die zum Eingang des Hauses führen, sollten zwei Personen genügend Platz zum bequemen nebeneinander Gehen geben. Eine Breite von 1,25 Meter ist hier ausreichend. Mit abnehmender Benutzungsfrequenz und Bedeutung nimmt auch die Wegebreite ab. Für kleine Pfade zum Erkunden entlegener Ecken genügen schon 30 Zentimeter. Soll oder muss der Weg aber befahrbar sein, ist eine Spur von 2,50 bis 3 Metern erforderlich.

Auch die Befestigungsart steht in direktem Zusammenhang mit dem Zweck, den die Fläche erfüllen soll. Dauerhaft und ganzjährig belastete Wege benötigen eine stabile Befestigung. Eine griffige und rutschhemmende Oberfläche ist absolut unerlässlich. »Sommerwege« und kleine Erkundungspfade ohne Erschließungsfunktion kommen auch sehr gut mit Rasendecken, Rindenmulch, Holzhäcksel, Splitt oder Kies aus.

Damit Wege und alle Formen von befestigten Flächen dauerhaft einen schönen Anblick bieten und ihre Funktionen wahrnehmen können, ohne sich nach Absackungen und Senkungen selbst zu Stolperfallen zu entwickeln, ist für ausreichend tragfähigen Untergrund zu sorgen. Eine Tragschicht aus verdichtetem Kies oder gebrochenem Material übernimmt die später unsichtbare, aber doch so wichtige Stützarbeit. Je nach natürlich anstehendem Boden und Gegend wird auch noch eine zusätzliche Frostschutzschicht erforderlich. Die Dimensionierung von beidem ist wiederum von der Verkehrs-

Oben: *Wege erschließen den Garten und verbinden die einzelnen Räume. Für viele Zwecke genügt schon ein solcher schmaler Pfad. Wenn er so liebevoll ausgeführt wird, muss er auch wahrlich kein Versteckspiel führen.*

Unten: *Hier stimmt das Verhältnis von Fläche und Format. Großformatige Platten verleihen der Terrasse ein Gefühl von Weitläufigkeit.*

belastung, den geologischen Verhältnissen und der östlichen Frosteinwirkung abhängig.
Ein Muss für alle Arten von befestigten Flächen ist eine geregelte Entwässerung. Die wird zunächst durch die Ausbildung eines Oberflächengefälles gewährleistet. Während bei glattem, völlig ebenem Material ein Gefälle von 1,5 bis 2 Prozent ausreichen kann – besonders vorteilhaft, wenn die Fläche eine Sitzgruppe mit Tisch beherbergt und diese nicht in allzu große Schieflage geraten soll – sind bei raueren Oberflächen schon 3 bis 4 Prozent erforderlich. Das so geführte Wasser muss schließlich noch gesammelt und abgeführt werden. Rinnen, offen und geschlossen, sowie Einläufe nehmen das Wasser auf und leiten es über eine Grundleitung zum Kanal oder, die ökologisch bessere Lösung, zu einem Sickerschacht.

Schmuck und Muster

In gleichem Maße, wie Wege, Terrassen und andere Flächen als »Zweckbauten« fungieren, sind sie auch Gartenschmuck. Das verwendete Material, das gewählte Format, Verlegerichtung und Muster prägen entscheidend das Bild des Gartens. Kleine Flächen und schmale Pfade gewinnen durch kleine Formate. Große Flächen dagegen erscheinen durch flächige Platten oder Großsteine noch großzügiger.

Tipp

Pflasterdekor und Pflanzenschmuck sollten nie in Konkurrenz zueinander treten. Daher schon bei der Planung daran denken, wo der Schwerpunkt liegen soll und wer von beiden die Farbe ins Spiel bringt.

Ein gelungener Material- und Farbmix. Leuchtend rote Klinkerriegel und Platten aus hellem Naturstein gliedern im weitmaschigen Raster die großzügige Terrassenfläche. Die Stellung von Bank und Skulptur nimmt, so wie es sein soll, die Achsen des Bodens auf und führt auf diese Weise das Thema fort.

Einfassungen, die ein Ausweichen des Deckenmaterials verhindern, die stützen und vor einer Zerstörung der Randbereiche schützen, sind zwingend bei befahrenen und stark belasteten Flächen. Hergestellt werden sie zum Beispiel aus bündig oder höher gesetzten Kantensteinen, Bordsteinen oder einreihigen Pflasterzeilen. Halt gibt ihnen ein durchgängiges Bett aus Beton.

Bei Fußwegen sind sie nicht Pflicht, sondern Kür. Gezielt für die Gestaltung eingesetzt, werden sie selbst zum Dekor, setzen sich bewusst ab oder wandern Seite an Seite mit der Fläche, geben dynamisch die Richtung vor, kommen ganz schmal und bescheiden daher oder holen in großer Geste aus.

Tipp

Für untergeordnete Verbindungen, die zwar bis zu einem gewissen Grad befestigt sein sollen, aber nur selten benutzt werden, sind Trittplatten, verlegt im Rasen oder mitten durch einen üppigen Staudendschungel, ein einfach herzustellender und doch ansprechender Wegebelag.

Großzügige Geste. Über die ganze Breite des Pools erstreckt sich die aus Legstufen gebaute Treppenanlage. Eingearbeitete Podeste gliedern die Strecke und sind Standfläche für schmückende Kübel mit Buchs.

Oberflächengestaltung

Die rustikalste Erscheinung haben Natursteine, wenn sie bruchrauh oder gespalten belassen werden. So kann sich die jeder Gesteinsart eigene Textur am besten zur Geltung bringen und der »natürliche« Charakter am deutlichsten hervortreten.

Während bei Pflastersteinen bruchraue und gespaltene Flächen die Regel sind, ist dies bei Platten eher selten der Fall. Am ehesten bei schieferartigen Gesteinen und Platten, die polygonal auf Wegen und Sitzplätzen abseits vom Haus eingebaut werden und rustikalen Charme verbreiten sollen. Gesägte Flächen schaffen ebene Beläge mit noch ausreichender Rutschhemmung. Schliff oder gar Polierung, wie im Innenbereich üblich, sind im Freien eher ungewöhnlich, unpassend und wegen der gefährlich glatten Oberfläche bei Nässe auch unerwünscht.

Feinkörnige Strukturen werden durch Sandstrahlen

Oben: *Seitlicher Halt. Heller Kalk ist das Material für diese Stellstufen. Der Kiesbelag für die Auftritte verleiht der Treppe Leichtigkeit und passt perfekt zur Farbe des Steins. Beidseitige Wangen verhindern, dass Erdreich von den Böschungen hereindrücken kann, und dienen als optische Führung.*

Unten: *Kleinteilige Gliederung. Kleinsteinpflaster aus Kalk ist das Material für die Antritte. Wege und Auftritte wandern zwar Ton in Ton mit, setzen aber mit diagonal verlegtem Mosaikpflaster Format und Richtung entgegen.*

Schachbrettmuster. Rechteckige Kalksteinplatten und Rasenstreifen gehen Hand in Hand und verweben sich zu einem interessanten Muster aus Hell und Dunkel. Ein weiteres Farbspiel ist überflüssig.

erzeugt, wer es lieber noch rauer und lebhafter mag, dem seien gestockte oder fein gespitzte Bearbeitungen empfohlen. Geflammte Oberflächen sind wie eine vorweggenommene Verwitterung. Sie erzeugen ein plastisches Bild, fühlen sich aber doch bis zu einem gewissen Grad geglättet an.

Begrünte Beläge

Wem das Bild von Belägen herkömmlicher Machart zu streng, zu unbelebt und monoton ist, wird sicher Gefallen finden an den verschiedenen Möglichkeiten, Grün in den Fugen sprießen zu lassen. Der Klassiker ist hier zweifelsohne das Rasenpflaster.

Seite 84 oben: *Ganze Veilchenkolonien scheinen sich auf dieser Terrasse in Marsch setzen zu wollen. Sie sind die überaus lebhaften Partner zum ruhigen und sehr zurückhaltenden Belag. Solche Pflanzinseln sind zwar ein zunächst ungewohntes Bild, die Funktionen der Fläche beeinträchtigen sie aber keineswegs.*

Seite 84 unten: *Die Kunst der Fuge. Weiche Polster aus Sternmoos (*Sagina subulata*) wölben sich zwischen den quadratischen Platten empor. Von Juni bis August schweben zierliche weiße Blüten über dem nadelartigen Laub, in den restlichen Monaten des Jahres erfreut das wintergrüne Laub.*

Die Steine werden beim Versetzen einfach mit Fugen von zwei bis drei Zentimentern auseinandergerückt. Die so entstehenden Zwischenräume werden gefüllt mit einer Mischung aus Splitt, das dem Steingefüge den notwendigen Zusammenhalt gewährt, und Humus, der die Voraussetzung für vernünftiges Pflanzenwachstum ist. Die anschließende Rasenansaat macht das Werk perfekt. Es empfiehlt sich, spezielle, von den Saatgutherstellern angebotene Rasensaatgutmischungen für Rasenpflaster oder aber zumindest solche für Trockenstandorte zu verwenden. Denn das Leben in der Fuge ist nicht zu vergleichen mit dem Luxus des Rasens. Hier spielen Überlebenskünstler für Extremstandorte ihre Trümpfe aus und bekennen noch standhaft Farbe, wenn ihre Kollegen von der grünen Wiese sich schon längst die Köpfe verbrannt hätten. Tradition in England haben Aussparungen in Plattenbelägen auf Terrassen und bei Sitzplätzen.
Blühende Stauden dürfen hier vorwitzig inmitten der Fläche sprießen und Farbtupfer verteilen. Doch auch hier gilt wieder: Ein Standort für Spezialisten. Die sind in diesem Fall in der Gruppe der Steingartenpflanzen zu finden.

Tipp

Als Fugenbewohner eignen sich unter den Stauden beispielsweise Sternmoos, Römische Kamille und verschiedene zwergig wachsende Thymianarten, die weiche Teppiche bilden und, wie im Fall der letzteren beiden, beim Betreten betörende Aromen freisetzen.

Eine besondere Art der Teichrandbepflanzung. Hellgelb leuchtende Blüten von Sedum gehen eine harmonische Nachbarschaft mit dem hellgrauen Granit ein und vereinigen sich zu einer aparten Komposition.

Gelungene Kombinationen

Oben: *Schlicht, aber schmückend. Eigentlich sollte keine Ecke des Grundstücks vernachlässigt werden. Selbst der Standplatz für die Mülltonnen hat ein Recht auf gute Gestaltung. Wie das ganz einfach und doch ansprechend umgesetzt werden kann, zeigt dieses Beispiel.*

Unten: *Radial angeordnete Platten und ein kreisrunder Mittelstein geben dem flächigen Kiesbelag eine Richtung. Das fördert zwar nicht wirklich die Gebrauchsfähigkeit, aber unbedingt die Wirkung.*

Oben: *Mix aus Materialien und Formen. Glatte Holzflächen sorgen für gute Begehbarkeit, das Kieselpflaster liefert das Dekor dazu. Wer das Beispiel nachahmen will, wählt statt Holz besser quer verlegte Kantensteine. So bleibt der Gartenspaziergang auch bei nassen Oberflächen ein ungefährliches Vergnügen.*

Unten: *Trittsteine aus gebrochenem Material führen durch die Fläche aus Kies wie ein Steg durch das Wasser. Rein funktionell gesehen vielleicht überflüssig, für die Gestaltung aber »richtungsweisend«.*

Oben: *Spannungsreicher Hell-Dunkel-Kontrast. Flächen wie diese sind weniger zum Begehen gedacht, als vielmehr ein den Blick fesselndes Teppichbild.*

Links unten: *Prachtvolle ornamentale Kieselpflaster, wie sie im Mittelmeerraum beheimatet sind, standen Pate für diese Hofgestaltung. Nach einem Regenschauer, wenn die glatten Flächen der Steine wie poliert glänzen, kommt der Kontrast der Farben besonders wirkungsvoll zur Geltung.*

Rechts unten: *In den Abendstunden, wenn warmes, rötliches Licht die grau-braunen Steine zum Glühen bringt, ist für diesen Belag der Zeitpunkt für den großen Auftritt. Die Bruchsteine verbessern die Begehbarkeit, die Auspflasterungen mit Kiesel steigern den Schmuckwert der Fläche.*

Links: *Eingekreist. Das Ornament aus verschieden farbigen Kieseln fokussiert den Stamm eines Baumes und rückt dieses sonst wohl eher unbeachtete Detail in den Mittelpunkt des Interesses.*

Rechts: *Obwohl nur eine einzige Kieselart verwendet wurde, präsentiert sich das Pflaster mit lebhaftem Muster. Richtungswechsel und die Variation von hochkant und schräg gestellten Steinen beweisen vortrefflich die Vielseitigkeit des Materials und dieser alten Handwerkskunst.*

Mauern – Räume gliedern und trennen

Die gesamte Mauerkrone hat sich hier eine Rose mit gefüllten, cremefarbenen Blüten erobert und bricht damit die harte Kante des Gebauten. Von rechts arbeitet sich eine Kollegin in sattem Rot entgegen (linke Seite).

Mut zu einem ungewöhnlicher Bruch in Stil und Proportion beweist dieses Gartendetail. Fast erwartet man, dass sich hinter dem kleinen, rustikalen Mäuerchen ein ganzer Riese versteckt, der hier nur kurz eben seinen wohlgeformten Kopf über die Brüstung steckt (oben).

Höhen überwinden

Mauern haben im Garten vielfältige Funktionen zu erfüllen. Sie schaffen Räume, umgrenzen, trennen und gliedern sie. Sie dienen als Wind- oder auch Sichtschutz, geben Rückendeckung oder haben ihren großen Auftritt als wirkungsvolle Kulisse für Sitzplätze oder Gartenobjekte mit Unikatcharakter. Nicht zuletzt helfen sie überall dort, wo es gilt, Höhendifferenzen zu überwinden, Gelände zu stützen und zwischen verschiedenen Ebenen zu vermitteln oder diese überhaupt erst möglich zu machen.

Mauern können im Freien eine tragende Rolle übernehmen – gestalterisch oder im wahrsten Sinne des Wortes. Wer etwa die herrlichen Bilder von Mauerterrassen geprägter Hänge in Weinbaugebieten kennt, weiß von der »Macht des Steines«, dem nachhaltigen Eindruck, die solch meisterhaft ausgeführte Bauwerke beim Betrachter hinterlassen. In beiden Fällen sind es Trockenmauern, also Gefüge aus Steinen, die ohne Mörtel oder ein anderes Haftmittel einfach nur Stein auf Stein versetzt wurden und trotzdem oder auch gerade deswegen spielend viele Jahrzehnte ohne nennenswerte Schäden überdauert haben und so noch heute stolz und selbstbewusst von ihrer langen Geschichte – und Zukunft – erzählen.

Neben ihrer Schönheit beeindruckt auch ihre Fähigkeit, den Druck selbst größerer Erdkörper abfangen zu können. Gerade die Bauweise aus trocken versetztem Stein gibt dem stützenden Bauwerk die Möglichkeit, auf die Einflüsse von Temperaturen und kleineren Erdbewegungen zu reagieren und sich erfolgreich im Kräftespiel mit den Wurzeln von Bäumen und Sträuchern zu messen.

Fläche und Fuge

Naturstein ist das Material der ersten Wahl im Mauerbau, wegen seiner langen, jahrhundertealten Tradition und wegen seiner besonderen Eigenschaften. Sein Gewicht verschafft ihm augenscheinliche Aufmerksamkeit und kommt spielend mit den Kräften des Erdreichs zurecht. Es passt sich, selbst

Links unten: *Mauern aus Feldsteinen, von der Natur geformt und gar nicht oder nur wenig bearbeitet, verbreiten einen besonders rustikalen Charakter und erinnern an die herrlichen Mauerterrassen, wie sie zur Kulturlandschaft so manchen Weinbaugebiets gehören.*

Rechts unten: *Trockenmauern und Pflanzen in Fugen und solche, die sich Kopf an Kopf an das Haupt der Mauer schmiegen und sich vorwitzig vornüberneigen, gehören als unzertrennliche Einheit zusammen.*

Naturprodukt in reinster Form, hervorragend seiner natürlichen Umgebung an.
Welchen Stein man wählt, gibt die Region und das dort gewonnene Steinmaterial oder der persönliche Geschmack vor. Grundsätzlich geeignet sind alle Hart- und Weichgesteine, die auch für sonstige Arbeiten im Garten- und Landschaftsbau Verwendung finden können.
Das Bild, das uns die Mauer vor Augen führt, hängt von Format und Oberfläche des Gesteins sowie dem ausgeführten Mauerwerksverband ab. Rustikales Ambiente erzeugen Mauern aus Lesesteinen, bruchrauem oder nur grob bearbeitetem Material. Eine wesentlich gediegenere Stimmung erzeugen dagegen exakt zugerichtete Steine mit Fugen, die mit dem Lineal gezogen scheinen.
Trockenmauern strahlen durch Eigenart und Oberfläche des gewählten Steins eine eigene Lebendigkeit aus. Echtes Leben breitet sich in seinen Fugen aus. Hier finden Pflanzen und Tiere ihren Platz, oft Standortspezialisten unserer heimischen Flora und Fauna, die wegen zunehmend schrumpfender natürlicher Lebensräume gerne auf diesen Lebensraum aus zweiter Hand ausweichen.

Trockenmauern aus Naturstein strahlen durch ihre Oberfläche, das Relief, und Wechsel von Licht und Schatten unwahrscheinliche Lebendigkeit aus. Selbst bei Verwendung in dieser Masse wirkt das Material durchaus nicht zu wuchtig.

Stein – Partner von Natur und Architektur

Zwischen Geröll hindurch arbeitet sich der Bachlauf Stufe um Stufe spielend, fließend von Stein zu Stein hinab. Fast wirkt er, als könnte er natürlichen Ursprungs sein (linke Seite).
Die klaren Linien der Rasenstufen werden nahtlos von der flachen Wassertreppe fortgeführt, um schließlich wieder in diese zu münden. Die deutliche Formensprache will sich erst gar nicht der Natur anlehnen, sondern sich in spannungsvollen und deutlich ablesbaren Kontrast mit ihr begeben (oben).

Oben: *Staustufen an Wasseranlagen mit naturnahem Charakter fügen sich am besten ins Gesamtbild ein, wenn sie aus einfachen Bruchsteinen errichtet werden. Schon nach kurzer Zeit stellen sich, begünstigt durch die hohe Luftfeuchtigkeit, Moose und Algen ein, die den Eindruck erwecken, als stünde die Mauer schon immer an ihrem Ort.*

Stein und Wasser

In Wasseranlagen, egal welcher Art und Ausführung, vereinigen sich mit Wasser und Stein zwei Elemente, die unterschiedlicher nicht sein könnten, aber dennoch hier ihre Ergänzung gefunden zu haben scheinen. Auf der einen Seite das Wasser, fließend, flüchtig, sich ständig wandelnd in der Erscheinung, gurgelnd, plätschernd, schäumend und glitzernd, wenn es von Sonnenstrahlen zum Leuchten gebracht wird, oder aber ruhig und glatt und spiegelnd, wenn kein Windhauch und keine Bewegung seine glatte Oberfläche und unergründliche, dunkle Tiefe zu stören wagt. Auf der

Unten links: *Wasser und bachbegleitende Stauden sind hier absolut dominierend. Die vereinzelten, den Lauf begleitenden Steine sind wichtiges Beiwerk.*

Unten rechts: *Vom Steinmetz meisterhaft gearbeitet wurde dieser Brunnen aus massivem Naturstein.*

Rechte Seite: *Trittsteine sind wichtige Hilfsmittel, um uns nah an das lebendige Geschehen im Wassergarten heranzuführen. Gebaut werden sie in der Flachwasserzone, wo sie ohne großen Aufwand direkt auf den Grund gesetzt werden können und auch am natürlichsten wirken.*

anderen Seite der Stein, absolut statisch und unverrückbar, real und greifbar, dauerhaft und im Wesentlichen gleichbleibend durch alle Jahreszeiten hindurch. Und doch sind beide ideale Partner, die sich wechselseitig in ihrer Wirkung steigern, gerade durch ihre offensichtlichen Gegensätze, und durch ihr Zusammenwirken gleichzeitig immer eine neue Einheit bilden, wo das eine ohne das andere allein keinen Sinn ergeben oder Zweck erfüllen würde. Ein Brunnen ohne Wasser wäre nur mehr totes Bauwerk oder pure Dekoration, Trittsteinen ohne Wasser entzieht sich die Berechtigung. Zusammen aber gehören sie zu den herausragenden Elementen eines jeden Gartens, den heimlichen Höhepunkten, die Anziehungspunkte bei jedem Aufenthalt im Freien, Ort der Ruhe und Entspannung und Quelle für sinnliche Genüsse sind.
Die Atmosphäre am Wasser, egal in welcher Erscheinungsform es uns begegnet, ist immer eine ganz besondere. Stein lässt diese als Rahmen und Fassung erst richtig aufleben. Wer dabei den dominanten Part übernimmt und wer sich zugunsten des anderen eher zurücknimmt, spielt dabei keine Rolle. Das Ganze ist wieder einmal wichtiger als die Summe seiner Teile.
Naturstein vermittelt als Partner von Wasser ein besonderes Gefühl von Natürlichkeit, Beständigkeit und selbstverständlich Gewachsenem. Als Bruchsteine oder frei behauene Blöcke für Trittsteine, Blickfänge und »Wasserbrecher« an Bächen und Teichen ebenso wie als künstlerisch bearbeitete, vom Steinmetz oder Bildhauer erstellte Brunnenskulpturen.

Stein und Architektur

Kleine Architekturen gehören traditionell zu kunstvoll gestalteten Gartenanlagen. Pavillons, Gartenhäuser oder Pergolen sind wesentliche und das Bild des Gartens erheblich beeinflussende Elemente. Neben rein gestalterischen Funktionen als Schmuckstück, Schwerpunkt, ruhender Pol in der relativen Unruhe und Wechselhaftigkeit der Vegetation und Kontrapunkt zum Haus sind es schlicht und einfach auch herrliche Aufenthaltsräume mitten im Garten, die zwar ganz nahe an der Natur sind, aber dabei gleichzeitig ein Gefühl von Schutz und Geborgenheit vermitteln. Von ihrer Warte lässt es sich gut beobachten, ohne dass man sich selbst den Blicken anderer aussetzen müsste. Sie sind Unterstand bei Wind und Wetter und gewähren Komfort für einsames Genießen oder gesellige Runden im Freien. Gerade in unseren Breiten, wo die Tage mit Sonnen-

Oben: *Zwischen Baumhaus und Gartenhaus bewegt sich dieses auffällige Gartengebäude. Vielleicht wollte sich sein Besitzer einfach einen Kindheitstraum erfüllen. Oder aber er weiß den Blick aus luftiger Höhe und die »abgehobene« Atmosphäre inmitten der Baumkrone zu schätzen.*

Unten: *Pavillons in klassischer Formensprache stehen auch in der heutigen Zeit ganz oben auf der Wunschliste der Bauherren. Besonders gut passen sie zu formalen Gärten nach historischem Vorbild sowie in eine romantisch anmutende Umgebung. An Stelle des Natursteins kommt als Baumaterial dabei häufig auch Klinker zur Verwendung.*

schein und angenehm warmen Temperaturen sich zahlenmäßig leider allzu sehr zurückhalten, helfen diese kleinen Gebäude, die Gartensaison erheblich auszudehnen. Ihr Äußeres leitet sich aus der Gestaltung des Gartens ab und muss dabei auch immer zum Haus passen – außer dieses sollte außer Sichtweite sein.

Naturstein ist häufig das Material der Wahl. Manchmal wird er verputzt, häufig aber darf er sich allein in seiner ganzen Schönheit und ihm eigenen Ausstrahlung zur Schau stellen. In Mauerwerksverbänden aufgeschichtet, muss er sich mit seinem schmückenden Dekor aus Stein und Fugen auch alles andere als verstecken.

Unendliche Spielmöglichkeiten ergeben sich aus unterschiedlichen Steinformaten, Mauerwerkstypen und Steinarten. Die Eigenart des Steines mit seiner Struktur und Oberfläche, der Schichtung und Farbe kommt im Sichtmauerwerk pur und unmittelbar zur Geltung. Je nach Partnermaterial bei Fenstern, Türen und Dach beziehungsweise Pfetten und Sparren der »Himmelsgucker« Pergola und Laube kann die Wirkung in die gewünschte Richtung gelenkt werden – und das kann alles andere als immer nur rustikal sein.

Ein ganz moderner Entwurf wurde mit dieser Pergola umgesetzt. Und doch sucht er sein Vorbild bei den Urformen dieser luftigen Bauten. Statt rustikaler Monolithen aus Naturstein oder massiver, gemauerter Pfeiler tragen hier zwar strahlend weiß verputzte Säulen das transparente Dach, aber hier wie dort wollen die tragenden Elemente ihren großen Auftritt bekommen.

Oben links: *Steinerne Wächter. Wie stumme Beobachter gesellen sich die vier Stelen an das Ufer des Teiches.*

Oben rechts: *Durchblick verschaffen. Nach den überbrachten Regeln von der Kunst der Mauerbauens ist dieser Bogen konstruiert, ganz ohne Mörtel, nur von sich selbst getragen und gestützt. Ein Beleg für die Meisterschaft seines Erbauers.*

Unten: *Seite an Seite. Wie selbstverständlich fügen sich Kakteen und Kiesel zu einem Meditationsgarten en miniature zusammen. Kübelpflanzen einmal ganz anders.*

Oben: *Heimliche Blicke. Mit strengen Ausdruck in den Augen scheint das umkränzte Haupt dieses stillen Beobachters die Besucher des Gartens zu verfolgen. Solche Reliefs mit Köpfen oder auch Tierhäuptern werden häufig als Wasserspeier und Ausläufe für Wandbrunnen verwendet.*

Mitte: *Schichtarbeit. Eine Vase der besonderen Art schmückt die Rabatte dieses Gartens. Handwerklich perfekt miteinander verkeilt, wurden so schlichte Steinplättchen zum Kunstwerk veredelt. Trockenmauerwerk in vollendeter Form.*

Unten: *Paradiesische Früchte. Fast lebensecht wie ihre vergänglichen Vorbilder wirken diese steinernen Repliken von den essbaren Schätzen heimischer und fremder Gärten. Schön wirkt solcher Schmuck, wenn er als »Zeitzeuge« mit Patina, Moos und Flechten bereits das schöne Alterskleid übergezogen hat.*

Klinker und Keramik – Tradition, Handwerk, rustikale Eleganz

Vom Ton bis zum Klinker – ein wandlungsfähiger Rohstoff

Nur wenige Baustoffe schaffen es, Architektur von Gebäude und Garten, von Innen und Außen nahtlos zu verbinden und zur Einheit verschmelzen zu lassen. Einer, der diese Meisterschaft vollendet beherrscht, ist der Klinker – und seine nächsten Verwandten, Ziegel und andere keramische Produkte. Erden, genauer gesagt Tone und Lehm, werden zu einem Werkstoff veredelt, der zwar eindeutig Kunststein ist, sich dabei aber absolut perfekt mit der Natur verbündet, ohne sich selbst verstecken zu müssen oder zu wollen. Patina dürfen Ziegel gerne ansetzen (Seite 100/101), ebenso wie ihr neu errichtetes Fugenbild (linke Seite) fasziniert oder in unregelmäßigen Formen mediterrane Assoziationen weckt (rechts).

Ein Material mit vielen Möglichkeiten

Ton, Lehm und Gemische aus Ton mit weiteren Zuschlagstoffen wie Sand oder Aschen sind der Ursprung für Ziegel und Klinker. Warme Töne von Gelb oder Ocker über verschiedenste Rottöne bis hin zu Braun in unterschiedlichen Schattierungen und sogar Blauschwarz und dunkles Anthrazit bestimmen die Farbpalette. Vorgabe ist dabei der jeweils verwendete Ton, die in ihm enthaltenen Mineralien und schließlich noch der Brennvorgang. Reine Farben sind ebenso möglich wie mehr oder minder lebhafte Nuancierungen. Immer aber werden rein natürliche Stoffe verarbeitet, die Steine sind durch und durch von gleicher Konsistenz und Farbigkeit. Das garantiert ihre absolut dauerhafte Farbtreue und Lichtbeständigkeit.

Die Entstehung von Ziegel ist schnell umrissen. Die oben genannten Grundmassen werden in die gewünschte Form gebracht, getrocknet und schließlich bei sehr hohen Temperaturen von 800 bis 1200° Celsius während einer Branddauer von etwa drei Tagen gebrannt.

Klinker unterscheidet sich von Ziegel dadurch, dass er bei höheren Temperaturen als Ziegel bis zur Versinterung, das bedeutet bis nahezu zur Verglasung des Scherbens, gebrannt wird. Der nahezu porenlose Stein ist frostfest und äußerst widerstandsfähig.

Oben links: *Mit fremden Federn geschmückt. Leise ironisch lächelnd blickt der stille Beobachter auf vorbei flanierendes Fußvolk.*

Oben rechts: *»Ton-in-Ton«-Kontrast. Mit Ziegel und Terracotta fügen sich zwei unterschiedliche Produkte gleichen Ursprungs zusammen. Harmonie und spannender Kontrast in einem.*

Unten: *Ein tierischer Glücksbringer wacht als liebenswerter Hüter des Hauses neben der Tür.*

Oben links: *Scheinbar zufällig. Die Gruppe aus Kugeln in allen möglichen Durchmessern erzeugt ein spannungsvolles Ensemble aus wechselnden Volumina, Licht und Schatten, Hell und Dunkel. Ton in unterschiedlichen Färbungen bringt eine weitere, interessante Variable ins Spiel.*

Oben rechts: *Lichtgestalt in Blau. Sichtlich wohl in ihrer Umgebung fühlt sich die Dame mit üppigen Rundungen. Vollkommen in blaue Mosaikfliesen und reflektierende Spiegel gefasst, zieht sie die Aufmerksamkeit der Sonne auf sich. Perfekte Partner findet das Kunstwerk in seinen pflanzlichen Partnern. Der klassische Farbdreiklang Blau-Gelb-Weiß macht die Szene perfekt.*

Unten: *Zur Ruhe gekommen. Farne und Schattenstauden haben sich auf der Bank niedergelassen. Mit dem gemauerten Gartenmöbel kommen alte Ziegel in frischem Gewand wieder zu neuen Ehren. Durch deren reizvolle Patina wirkt der Blickfang, als habe er schon immer hier gestanden.*

Pflaster, Treppen und Mauern – Variationen in Farbe und Form

Der Fischgrätverband ist eine traditionelle Verlegeart und adelt schlichten Klinker und Ziegel zum dekorativen und eleganten Belag. Durchgängige Materialverwendung bei Fassade, Gartenmauer und diesem hausfernen Sitzplatz betont die Einheit von Haus und Garten (linke Seite).
Lediglich Farbakzent in kühlem Rot ist hier der Klinker. Grautöne wie simpler Beton, heller Kies und Splitt oder Naturstein sind angenehme Partner und ergeben gefällige Kombinationen (oben).

Spiel mit Formen

Rein funktionell betrachtet, bietet Pflaster aus Klinker verschiedene Vorzüge, das es zum idealen Belag für Wege und Plätze im Freien macht. Es ist griffig, rutschhemmend, dauerhaft in Materialqualität und Schönheit. Nur im Schatten ist etwas Vorsicht geboten. Hier setzen Steine mit glatter Oberfläche schnell einen grünen, moosigen Belag an, der zu gefährlichen Rutschpartien führen kann.
Klinker ist in seiner Verwendung unter anderem auch deshalb so vielgestaltig, da die Steine aus gebranntem Ton in einem überreichen Sortiment an Formen angeboten wird. Die absoluten Klassiker sind die Rechteckformate mit ihren ausgewogenen Maßverhältnissen. Neben dem genormten DIN-Format von 240 x 115 x 65 Millimeter kann auch auf historische und regionale Steine wie etwa das Oldenburger (220 x 105 x 52 mm) oder das Reichsformat (250 x 120 x 65 mm) zurückgegriffen werden. Und auf vieles mehr, denn zahlreiche Hersteller haben daneben ihre eigenen Formate oder fertigen sogar nach Kundenwunsch. So komponiert man selbst Farbe und Größe und kann für besondere Stellen Maßsteine oder farbige, vielleicht sogar farbig glasierte Schmucksteine zur Akzentuierung bestellen. Eine ganz eigene Tradition und besondere Schönheiten birgt das Sortiment an holländischen Klinkern in

Oben links: *Gediegene Eleganz. Das Blumenornament aus schwarzem Eisen findet in der Mauer aus braunschwarz-buntem Klinker einen idealen Hintergrund.*

Oben rechts: *Spiel mit Hell und Dunkel. Solides Mauerwerk und filigrane Eisenmöbel werden farblich belebt durch die lichten Akzente von Mauersimsen und Polstern.*

sich. Unsere Nachbarn sind noch heute bekannt für ihren kunstvollen Umgang mit Klinker und Ziegel. Holländische Klinker sind allgemein schmäler als deutsche. Eine ganz besondere Ausstrahlung haben dabei Handschlagziegel, von Hand bearbeitete Steine mit unregelmäßigeren Kanten und Abweichungen in der Größe.

Das Quadratformat kommt gleich an zweiter Stelle. Vom Mosaiksteinchen mit einer Kantenlänge von 6 Zentimeter bis zu Platten von 40 x 40 Zentimeter stehen verschiedenste Größen in unterschiedlichen Stärken, abhängig von Verwendungszweck und Flächenbelastung, zur Verfügung. Besonderen Schmuckwert und ein Höchstmaß an Griffigkeit besitzen dabei die sogenannten »Münchner Gehsteigplatten« mit variierender Oberflächenstrukter und Abmessungen von 21 x 21 bzw. 24 x 24 Zentimeter. Von geriffelt und geviertelt mit Kreismustern über Rauten bis hin zu aufwändigen Mustern bei historischen Exemplaren reicht die große Auswahl.

Schließlich kann noch unter modernen Formen wie Verbundklinkern, gelochten Rasenklinkern oder Sickerklinkern mit Aussparungen oder musterartig angeordneten Durchbrechungen zum Auffüllen mit Splitt oder anderem gebrochenen Material gewählt werden.

Seite108/109 Mitte: *Auf Linie gebracht. Klinker auf Terrasse und Stufen verbindet.*

Oben links: *Der Durchbruch wird zum Schaufenster in den jenseitigen Teil des Gartens.*

Oben rechts: *Schwungvoller Anlauf. Der gebogene Treppenlauf reduziert optisch die Länge und Steigung.*

Mustergültig

Ausstrahlung und Charakter eines Belags werden wesentlich vom Verlegemuster geprägt. Bei rechteckigen Formaten gibt es verschiedene typische Verbände, die pur oder gerne auch in Kombination Anwendung finden können. Besondere Stabilität erzeugt der zudem hoch dekorative Fischgrätverband. Er ist erste Wahl bei allen befahrbaren Flächen. Für Fußwege, Terrassen und Sitzplätze stehen darüber hinaus der Läuferverband mit parallelen Reihen und versetzten Fugen, der Kreuzverband mit längs und quer durchgängigen Fugen oder der Block- bzw. Parkettverband mit je mindestens zwei im rechten Winkel zueinander abwechselnd längs und quer verlegten Steinen zur Verfügung.

Oben: *Dank des verhaltenen, relativ dunklen Farbtons zieht sich die eigentlich relativ große Terrasse bescheiden in den Schatten der Bäume zurück und wirkt wie mit dem Garten gewachsen.*

Unten: *Lebhafte Schachbrettstruktur ergibt sich aus der Kombination von braunem bis blauschwarzem Klinker im Blockverband und hellen Kieselintarsien.*

Oben links: *»Trittsteine« aus leuchtend rotem Klinker geben tatsächlich und gestalterisch die Richtung vor.*

Oben rechts: *Urlaubsgefühle inmitten der Großstadt lässt tagtäglich diese Terrasse aus flammend rotem Klinker aufkommen.*

Unten links: *Ornamenthaft strukturierte Oberflächen sind unter allen Belagsarten im Garten Klinkern und Ziegeln vorbehalten. Selbst in einfachen Mustern verlegt breiten sich solche Wege als edler Teppich zu unseren Füßen aus.*

Unten rechts: *Wie kleine Läufer, die festen Boden unter den Füßen gewähren, liegen die Ziegelflächen im weichen Grün des Rasens.*

Fliesen und Mosaik

Gebrannter Ton kann sich neben dem »Naturlook« von Ziegel und Klinker auch in höchst auffällige, farbenprächtige Gewänder hüllen. Fliesen und Kacheln aus Keramik oder Steinzeug können sich mit ihrer Glasur nahezu jede bunte Haut überziehen und so zu tatsächlichen Farbträgern werden. Der Farbton und dessen Leuchtkraft hängen von der Zusammensetzung der Glasur sowie des Scherbens der Fliese ab. Wesentlichen Einfluss auf die Wirkung der Fläche nimmt auch die Art der Glasur. Matte Oberflächen werden sich stärker zurücknehmen und im Freiraum unauffälliger integrieren als solche in glänzender Ausführung.

Fliesen und Kacheln, die naturgemäß eine dünne Wandstärke besitzen, müssen immer in Mörtel verlegt werden und benötigen eine starre Tragschicht

Oben: *Die Kunst des Mosaiks hat eine Jahrtausende alte Tradition. Während ursprünglich Tonstifte, Kiesel, bunte Steinchen und Glas meisterhaft verarbeitet wurden, werden heute gerne Bilder und Muster aus Fliesenbruch gefertigt.*

Unten: *Wie kleine Wasserläufe wandern die kräftig blauen Mosaikspuren in Richtung des ebenfalls von einem Fliesenmosaik gefassten Beckens.*

Oben: *Wandbilder aus Fliesen beleben Gartenmauern mit dauerhaftem Schmuck. Besonders kunstvolle Beispiele kann man in südlichen Ländern wie Spanien bewundern, wo aus prächtigen Azulejos, handbemalt mit viel-farbigen Mustern und Dekoren, wahre Meisterwerke vor Augen geführt werden.*

Unten: Zusätzliches Ornament zur kräftigen Farbigkeit bringen strukturierte Oberflächen.

aus Beton und eine durchgehende Verfugung mit Mörtel. Als flächiger Belag im Außenbereich haben sie in punkto Gestaltqualität, Funktionalität und gerade auch Dauerhaftigkeit in der Regel das Nachsehen hinter Naturstein, Klinker und hochwertigen Betonsteinen.

Wer sich aber dennoch für sie entscheiden will, muss bei der Auswahl unbedingt auf Frostbeständigkeit, rutschhemmende Oberflächen und Säurebeständigkeit achten – und sollte bedenken, dass selbst dann die aufwändig erstellte Fläche mit einem fallen gelassenen Gegenstand jäh zerstört sein kann. Unbedingt empfehlenswert sind dagegen kleinflächige Mosaike, die Flächen aus anderem Material als wertvolle Intarsien eine absolut individuelle, edle Note verleihen.

Metall – Transparenz, Leichtigkeit, kühle Eleganz

Eisen, Alu, Kupfer und Co. – Formenspiele ohne Grenzen

Von allen Materialgruppen, die im Freiraum Verwendung finden, ist Metall das kälteste. Sowohl real fühlbar wie auch in unseren spontanen Assoziationen. Und dennoch erfreut es sich wie schon in vergangenen Epochen ungebrochener Beliebtheit. Kein Wunder, ist es doch auch wie kein anderes Material ganz nach unseren Vorstellungen, Wünschen und Träumen formbar. Verspielte Romantik ist für Eisen und seine Verwandten ebenso wenig ein Thema wie schlichte Modernität. Dünne Eisenstahlprofile schaffen Leichtigkeit (Seite 114/115), Wellen aus Edelstahlblech lassen den Raum verschwimmen (linke Seite) und selbst Rost (rechts) kann beeindrucken).

Oben links: *Sonnenanbeter. Unauffällig duckt sich die eiserne Sonnenuhr zwischen die üppige Staudenpracht. Und doch versteckt sie sich nicht, sondern ist dauerhafter Schmuckakzent inmitten des Grüns.*

Oben rechts: *Verwirrspiel. Ein transparentes Knäuel aus »Stahlwolle« schwebt auf einer Stele über den heiteren Blütenköpfen der reinweißen Tulpen.*

Unten: *Wegezoll. Ein Torbogen, wie man ihn so schnell sicher kein zweites Mal finden wird, spannt sich über den schmalen Gartenpfad. Der eiserne Wärter fordert mit expressiver Haltung zur Langsamkeit auf – und schenkt so dem eigentlich gänzlich unspektakulärem Ambiente Bedeutung.*

Spielraum für die Gestaltung

Klarer Vorsprung der Metalle vor Stein, Holz und Tonprodukten sind deren Verarbeitungsmöglichkeiten. Sie können praktisch in jede Gestalt überführt werden. Ob in Form gegossen, als Blech passend zurechtgeschnitten, als Profile zu Architektur oder Bauteil verbunden oder in die gewünschte Form getrieben und geschmiedet – alles ist möglich. Grundsätzlich unterschieden wird bei den Metallen zwischen Eisen und Stahl einerseits und den Nichteisen-Metallen andererseits.

Eisen und Stahl, ein Eisenwerkstoff, der sich gut formen, walzen und biegen lässt, sind dabei die vornehmlich verwendeten Werkstoffe im Freiraum. Aluminium und Kupfer sowie dessen Legierungen, Messing und Bronze, zeichnen sich durch gute Verarbeitbarkeit und ihre Korrosionsbeständigkeit aus.

Oben: *Rankhilfe. Gartenmöbel aus Eisen haben eine lange Tradition. Ihr besonderer Wert liegt in ihrer eleganten, transparenten Erscheinung und optischen Leichtigkeit. Leider sind sie meist aber nicht gerade die bequemsten. Aber häufig die dekorativsten.*

Unten links: *Spiegelungen. Edelstahl mit seiner kühl glänzenden, blanken Oberfläche ist aus der modernen Gartengestaltung nicht mehr wegzudenken. Seine maximale Wirkung erzielt er in Verbindung mit einfachen, geradlinigen Formen.*

Unten: *Moderne Patina. Zäune und Tore sind typische Einsatzzwecke für Stahl. Bei diesem modernen Entwurf wurden Bänder aus Cortenstahl, einem wetterfesten Stahl, dessen Rostüberzug nicht Zeichen des Zerfalls, sondern selbst Schutzschicht ist, zu einem abstrakten Gitterwerk verarbeitet.*

Seite 120: *Aufsehen erregendes Kunstwerk und Wippfigur in einem ist dieses Objekt aus rostigem Corten-Stahl. Mit geschwungenem Schlangenkörper fährt es die Achse des schmalen Heckenraumes deutlich nach und setzt sich doch eindeutig den geraden Kanten und rechten Winkeln entgegen.*

Der Baustoff Pflanze

Ein Garten lebt vom harmonischen Zusammenspiel all seiner Teile und Elemente. Seien es die so genannten »toten« Baustoffe, die Thema dieses Buches sind, oder die lebenden Baustoffe, die Pflanzen, die dem Freiraum sein sich ständig im Wandel befindliches Bild geben. Sie sind es auch, die die Verbindung von Gebautem und Natur herstellen, ganz zwanglos und selbstverständlich.

Mit ihrer Hilfe scheint eine Laube oder Pergola wie an eben ihrem Standort »gewachsen«, sie integrieren Zäune und schaffen fließende Übergänge zwischen Belägen und anschließendem Grün – oder wandern selbst ganz selbstverständlich in den Fugen.

Wegen dieser ihrer besonderen Bedeutung für die »toten« Baustoffe sollen nun auch die Pflanzen zu ihrem wohl verdienten Recht kommen – als Fugenbewohner in Belägen und als Kletterkünstler an Lauben, Pergolen, Rankwänden oder -bögen.

Technische Information

Gebaute Elemente im Garten sind nur dann eine Zierde, wenn sie fachgerecht ausgeführt wurden. Eine kurze Einführung zum richtigen Bau von Trockenmauern, Wegen und Treppen ist eine erste Hilfe für den technisch interessierten Gartenfreund. Wenn diese auch nicht umfassend sein kann und im Rahmen dieses Bandes auch nicht will, so verschafft sie doch einen knappen Überblick.

Kletterpflanzen für Lauben, Pergolen und Rankbögen

Erst mit einem grünen Kleid werden Gartengebäude wie Lauben, Pergolen, Rankgerüste oder auch Pavillons zu integrierten Bestandteilen des Gartens. Sie schaffen den Brückenschlag zwischen Pflanzen und Leben im Garten und dem zunächst »toten« Bauwerk. Darüber hinaus sind sie unersätzliche »Raumausstattung«, die Laube und Co. erst zu angenehmen Aufenthaltsorten (fast) unter freiem Himmel machen.

Grundsätzlich unterschieden wird bei den Kletterpflanzen zwischen Gerüstkletterpflanzen, zu denen alle Schlinger, Winder und Ranker gehören, und Selbstklimmern, die in Wurzelkletterer und Haftscheibenranker unterteilt werden. Für die oben erwähnten Gartengebäude eignen sich am besten alle Gerüstkletterpflanzen, also etwa Clematis, Rose, Echter Wein, Geißblatt, Wisteria oder Pfeifenwinde. Sie werden daher in der folgenden Tabelle aufgeführt. Selbstklimmer wie Efeu, Wilder Wein, Kletterhortensie oder Trompetenwinde sind die richtige Wahl für die Begrünung von Flächen, also Wänden, gemauert oder aus Holz, oder engmaschigen Gittern aus Holzlatten (nicht aus Metall).

Allgemein lässt sich zu den Standortansprüchen von Kletterpflanzen sagen, dass die meisten Beschattung im Jugendstadium schätzen, im Alter aber volle Besonnung wünschen, wobei der Fuß wiederum aber beschattet sein sollte. Alle schätzen einen wärmeren Standort, der etwas frostgeschützt ist. Auch sollten sie nicht zu windexponiert gepflanzt werden. Die meisten Kletterpflanzen haben ihren natürlichen Standort in den Auen der Fließgewässer oder im Bergwald. Entsprechend freuen sie sich über hohe Luftfeuchtigkeit und reichlich Bodenfeuchte. Nährstoffreiche, schwach saure bis neutrale humusreiche Substrate werden bevorzugt, wobei der Boden aber immer locker und durchlässig sein sollte. Kletterpflanzen reagieren empfindlich auf Verdichtung!

Die Kletterhilfe, also Stützen, Streben usw. sollte eine möglichst raue Oberfläche besitzen, um den Pflanzen guten Halt zu gewähren, und einen Durchmesser von 0,5 bis 1 Zentimeter nicht unterschreiten, aber auch nicht recht viel dicker als 3 Zentimeter sein. Ältere Exemplare kommen auch mit Durchmessern von etwa 20 Zentimeter zurecht. Wichtig ist immer, dass die Kletterhilfe in senkrechter Richtung absolut durchgängig ist.

Kletterpflanze und Klettergerüst sind in Bezug auf Wüchsigkeit und Größenentwicklung der Pflanze immer gut aufeinander abzustimmen.

Botanischer Name	Deutscher Name	Höhe in m	Blütezeit	Standort	Bemerkung
Actinidia arguta	Scharfzähniger Strahlengriffel	6–8	V–VI Weiß, versteckt, unauffällig, duftend	Sonnig bis halbschattig	Starkwüchsiger Schlinger; stachelbeerartige Früchte mit hohem Vitamin-C-Gehalt; leuchtend gelbe Herbstfärbung, wie alle *Actinidia* zweihäusig, d.h. um Früchte zu erhalten, müssen männliche und weibliche Exemplare zusammen gepflanzt werden.
Actinidia chinensis	Chinesischer Strahlengriffel, Kiwi	8–10	VI Cremeweiß, gelb	Sonnig bis halbschattig	Sehr starkwüchsiger Schlinger; trägt die bekannten Kiwi-Früchte; verlangt einen warmen, geschützten Standort; frostempfindlich.
Actinidia kolomikta	Flamingo-Strahlengriffel	3–4	VI Weiß	Sonnig bis halbschattig	Schlinger mit mittlerer Wüchsigkeit für warme und geschützte Standorte; außerordentlich schmuckvolles, dreifarbiges Laub in grün-weiß-rosa, Färbung nimmt mit dem Alter der Pflanze zu; nur die männliche Form, die die interessantere Färbung zeigt, ist im Handel.
Akebia quinata	Fingerblättrige Akebie, Klettergurke	6–8	V Blüten einhäusig, weiblich: braun-violett	Sonnig bis halbschattig	Starker Schlinger; in milden Wintern zeigt sich das Laub wintergrün; dekoratives, handförmig geteiltes Laub; gut in milden Klimazonen; treibt Ausläufer, neigt zum Wuchern, bildet ca. 10 cm lange, essbare, etwas schmierige Früchte aus.

Botanischer Name	Deutscher Name	Höhe in m	Blütezeit	Standort	Bemerkung
Aristolochia macrophylla	Pfeifenwinde	8–10	III–IV Grün-rosa	Halbschattig bis schattig	Starker Schlinger; für Nord-, West- und Ostfassaden, bei ausreichend Feuchtigkeit auch südexponiert; zierendes, herzförmiges Laub, dachziegelartig überlappend; Einzelblatt bis 30 cm Durchmesser; Früchte sind giftig, erscheinen aber selten.
Celastrus orbiculatus	Chinesischer Baumwürger	12–14	VI Grüngelb, unscheinbar	Sonnig bis halbschattig	Starkwüchsiger Schlinger mit interessanten Früchten, runde gelbe Kapseln mit roter Fruchthülle, die den Garten im Winter schmücken; Blüten zweihäusig, daher beide Geschlechter pflanzen; sehr frosthart.
Clematis alpina	Alpen-Waldrebe	2–3	V–VI Blau-violett	Lichtschattig bis schattig	Schwachwüchsiger Blattstielranker; heimische Wildart, kriecht z. T. eher als sie klettert, harmlos; absolut frosthart.
Clematis montana, var. rubens	Anemonen-Waldrebe	8–10	V–VI Rosa	Sonnig bis halbschattig, auch schattig	Starkwüchsiger Ranker; robust, gut frosthart, sehr empfehlenswert; Laub ist im Austrieb bronzegrün.
Clematis tangutica	Gold-Waldrebe	4–6	VI Nachblüte im Herbst, goldgelb	Sonnig bis halbschattig	Ranker mit mittlerer Wuchskraft, sehr robust und frosthart; schöne fedrig-silbrige Fruchtstände, die den ganzen Winter über zieren.
Clematis viticella	Italienische Waldrebe	3–5	VI–IX	Sonnig	Ranker von mittlerer Wuchskraft, Blüten hängen nickend an langen Blütenstielen; Blütenfülle über mehrere Monate; gute Frosthärte; sehr gesund.
Clematis-Hybriden	Großblumige Clematis-Sorte	2–4; z.T. Hybriden	Variiert nach Sorte	Sonnig bis halbschattig	Umfangreiches Sortiment an mittel- bis schwachwüchsigen Pflanzen, Blüten in Weiß und allen kalten Farben, auch mehrfarbig; häufig Rückschnitt im Frühjahr erforderlich.
Humulus lupulus	Hopfen	2–6	VII–VIII Grün	Sonnig bis halbschatttig	Sehr starkwüchsiger Schlinger, einzige Staude in der Liste, d.h. die Pflanze stirbt jährlich oberhalb des Bodens ab und treibt im folgenden Jahr wieder aus; die bekannten Hopfendolden werden nur an den weiblichen Pflanzen ausgebildet; attraktive, gelblaubige Sorte »Aurea«.
Lonicera caprifolium	Jelängerjelieber	4–6	V–VI Gelblich-weiß, außen rot überlaufen	Sonnig bis schattig	Heimische Kletterpflanze von mittlerer Wuchskraft; quirlige Blütenstände mit intensiv süßem Duft; kräftig gelbe Herbstfärbung; darf nicht zu trocken stehen, sonst Läusebefall; Rückschnitt alle 2–3 Jahre.

Kletterpflanzen für Lauben, Pergolen und Rankbögen

Botanischer Name	Deutscher Name	Höhe in m	Blütezeit	Standort	Bemerkung
Lonicera henryi	Immergrünes Geißblatt	6–8	VI–VII Gelblich-rötlich	Halbschattig bis schattig	Wertvoll wegen seiner immergrünen Belaubung; stark wüchsig und stark schlingend; eine der wenigen Lonicera, deren Blüten nicht durten; ausreichend frosthart.
Lonicera x brownii		2–3	VI–IX Orange	Lichtschattig bis schattig	Schwachwüchsig; auffällige Blüe ohne Duft; sehr gute Frosthärte.
Lonicera x heckrottii		3–4	VI–X Außen blaurot bis purpur, innen gelb	Halbschattig	Schwach wüchsig und schwach windend, aber äußerst attraktive Blüte; schlechte Klettereigenschaften; relativ frostempfindlich.
Lonicera x tellmaniana		5–6	V–VI Gelb-orange	Sonnig bis halbschattig	Sehr starkwüchsiger Schlinger; auffällige Blüten ohne Duft; sehr frosthart, aber schlechte Regeneration nach Frostschäden; sehr früher Austrieb.
Rosa	Kletterrose	2–5 Variiert nach Art/Sorte	VI–IX	Sonnig bis halbschattig	Formenreiche Gruppe von Spreizklimmern, die sich mit ihren Dornen am Klettergrüst festhalten; neben den klassischen einfach oder mehrmals blühenden Kletterrosen sind die so genannten »Ramblerrosen« mit ihren langen, äußerst elastischen Trieben interessant für die Begrünung von Lauben und Pergolen.
Vitis coignetiae	Scharlach-Wein	6–10	Rostrot bis filzig	Sonnig bis halbschattig	Starkwüchsiger Sprossranker; sehr große Blätter, dachziegelartig überlappend (ähnlich *Aristolochia*); Blätter unterseits braun-filzig behaart; prachtvolle Herbstfärbung von Dunkelrot über Scharlach bis Orange-braunrot; Problem: mangelnde Frosthärte!
Vitis vinifera	Echter Wein	8–10	Grün	Sonnig bis absonnig	Starkwüchsiger Sprossranker; gut im Weinbauklima, aber auch für rauere Klimate sind Sorten mit recht guter Frosthärte erhältlich; im Hausgarten möglichst nur mehltauresistente Sorten verwenden; jährlicher Rückschnitt erforderlich.
Wisteria floribunda	Japanische Glycinie				Blüten erscheinen mit den Blättern, sonstige Eigenschaften wie Wisteria floribunda.
Wisteria sinensis	Chinesische Glycinie, Blauregen	10–15 (30)	V Lila	Sonnig	Geschützter Standort; starker Schlinger; benötigt kräftige, stabile Kletterhilfe; Blüte vor dem Laubaustrieb, angenehmer Duft, gefiedertes Laub; Sorten mit abweichender Blütenfarbe, z.B. weiß oder rosa; spätfrostgefährdet; hitzeverträglich.

Stauden als Fugenbewohner zwischen Platten und Rasenpflaster

Begrünte Beläge, seien es Plattenbeläge, bei denen einfach die eine oder andere Platte weggelassen wurde, oder aber Rasenpflaster mit durchgängig breiten Fugen, erfreuen sich immer größerer Beliebtheit. Neben dem Klassiker Rasen sind zahlreiche Stauden geeignet, den Fugen buntes und vielfältiges Leben einzuhauchen. Manche bereichern neben ihrem Blatt- und Blütenschmuck zusätzlich durch betörende Düfte oder anregende Aromen. Viele der genannten Pflanzen gehören zur Gruppe der Steingartenpflanzen oder sind Bewohner sonniger, eher trockener Freiflächen mit relativ geringem Nährstoffbedarf. Auf Grund ihrer besonderen Eigenschaften sind sie am besten geeignet, die Extremstandorte zwischen den Steinen zu besiedeln. Auf stärker frequentierten Strecken kommen niedrig bleibende, trittfeste Arten zum Einsatz, in Randbereichen oder größeren Inseln in Belägen dürfen auch schon mal höher wüchsige Blüher Aufsehen erregen. Bei der Auswahl ist auf robuste und langlebige Pflanzen zu achten, um dauerhaft Freude am Fugenspiel zu haben. Die nachfolgende Tabelle stellt einige geeignete Arten vor, ohne aber einen Anspruch auf Vollständigkeit erheben zu wollen.

Normaler Boden bedeutet hier ein eher trockener, durchlässiger Boden mit mäßiger Nährstoffversorgung.

Botanischer Name	Deutscher Name	Höhe in cm	Blütezeit	Standort	Bemerkung
Acaena sp.	Stachelnüsschen	5–10	VI–VII unauffällig	Sonnig Normale, kalkhaltige Böden	Immergrüner Bodendecker mit schönem, zierlichen Laub; die Blüten sind zwar unscheinbar, die borstigbraunen Fruchtstände ab August aber ausnehmend zierend. Während *A. buchananii* sich mit gräulichem Laub schmückt, zeigt sich *A. microphylla* im braungrünen Gewand. Zierlicher und auffallend braunrot ist die Sorte 'Kupferteppich'.
Alchemilla erythropoda	Frauenmantel	10	VI–VII Gelblich-grün	Sonnig Frischer Boden Kalkschotter	Wertvolle Wildstaude mit zarten Blütenwolken; honigartiger, blumiger Duft; Art ist niedriger als *A. mollis* und wuchert nicht; kann sich auch noch im trockenen Schatten behaupten.
Alyssum saxatile	Felsen-Steinkraut	25–40	IV–V Gelb	Sonnig Trocken, durchlässiger Boden	Langlebige, pflegeleichte Polsterstaude mit überreicher, strahlend gelber Blüte; Rückschnitt erforderlich; Blüten duften honigartig-blumig; Wurzeln sind nässeempfindlich.
Antennaria sp.	Katzenpfötchen	10–15	V–VI Rosa, weiß, rot	Sonnig Sandige, kalkarme Böden	Verträglicher Mattenbildner mit silbergrauem Laubteppich; für extrem trockene, magere Sandstandorte; schöne, rot blühende Sorte: *A. dioica* 'Rubra'.
Arabis caucasica	Gänsekresse	15–30	IV–V Weiß	Sonnig Normaler, kalkhaltiger Boden	Pflegeleichter dankbarer Blüher, der sich mittels Ausläufern teppichartig ausbreitet; graugrünes Laub; wuchert nicht; zahlreiche Sorten z.T. mit abweichender Blüten- oder Laubfarbe; kurzlebig (ca. 3–5 Jahre)!
Campanula carpatica	Polster-Glockenblume	20–30	VI–VIII Blau, weiß	Sonnig Normaler, kalkhaltiger Boden	Gedrungen wachsende Polsterstauden mit frischgrünem Laub; Problem: Laub und Wurzeln sind beliebtes Schneckenfutter!; wertvolle Sorten: 'Blaue Clips', 'Weiße Clips'; sparsam düngen, da die Polster sonst auseinanderfallen.

Stauden als Fugenbewohner zwischen Platten und Rasenpflaster

Botanischer Name	Deutscher Name	Höhe in cm	Blütezeit	Standort	Bemerkung
Campanula portenschlagiana	Mauer-Glockenblume	15	VI–VII und IX Blau-violett	Sonnig bis halbschattig Normaler, kalkhaltiger Boden	Polsterstaude mit matten- bis teppichförmigem Wuchs; verträgt etwas Schatten und Trockenheit; breitet sich durch Aussamen aus, ohne aber lästig zu werden; remontierend, d.h. Zweitblüte im Herbst, falls Pflanze nach der ersten Blüte zurückgeschnitten wird.
Cerastium tomentosum var. columnae	Filziges Hornkraut	10	V–VI Weiß	Sonnig Normaler, sandig-lehmiger Boden	Unempfindliche, empfehlenswerte Flächenstaude mit attraktivem, silbergrauem bis weißem Laub; wuchert nicht.
Chamaemelum nobile	Römische Kamille	20	VI–IX Weiß	Sonnig Durchlässiger, magerer Boden	Reichblühende Staude mit filigraner Belaubung; Blatt und Blüten strömen einen intensiven Duft aus, der durch das Begehen noch gesteigert wird; schöne gefüllt blühende Sorte 'Flora Plena'.
Convallaria majalis	Maiglöckchen	15–25	V–VI Weiß	Halbschattig bis schattig Lockerer, humoser Boden	Betörend duftende Zwiebelpflanze aus dem Lebensbereich Gehölz; Verbreitung durch Ausläufer; auffallend rote Früchte; Achtung: Die gesamte Pflanze ist stark giftig!
Cotula potentillina	Fiederpolster	5	V–VI Unauffällig	Sonnig bis halbschattig Durchlässige, aber nicht zu trockene Böden	Dichte Rasenteppiche bildend, aber doch gut mit Zwiebelpflanzen zu kombinieren; Laub olivfarben, im Winter auffallend braun färbend; leichter Honigduft.
Dryas sp.	Silberwurz	10–15	V–VI Weiß	Sonnig Bodenfrische bis trockene Kalkschotterböden	Verträglicher Bodendecker mit immergrünem, ledrigrem, graugrünem Laub; nickende anemonenartige Blüten; attraktive fedrige Samenstände.
Euphorbia cyparassias	Zypressen-Wolfsmilch	30	V Gelbgrün	Sonnig Durchlässige Böden	Heimische Wildstaude, gut im Naturgarten; neigt zum Wuchern!
Euphorbia polychroma	Gold-Wolfsmilch	40	IV–VI Gelbgrün	Sonnig bis halbschattig Normaler, kalkhaltiger Boden	Attraktive heimische Blattschmuckstaude mit auffälliger grünlicher Blüte; wuchert nicht; giftig!; orangerote Herbstfärbung; alle Euphorbien können beim Berühren unangenehme Hautreaktionen hervorrufen, daher beim Pflanzen und Pflegen Handschuhe anziehen.
Fragaria vesca	Walderdbeere	10–20	IV–V Weiß	Sonnig bis halbschattig Humoser Boden	Heimische Walderdbeere aus dem Lebensbereich Gehölzrand bzw. Gehölz; breitet sich durch Ausläufer aus; interessante Sorten mit abweichender Laubfarbe erhältlich; fruchtiger Duft.

Botanischer Name	Deutscher Name	Höhe in cm	Blütezeit	Standort	Bemerkung
Galium odoratum	Waldmeister	10–20	V–VI Weiß	Halbschattig bis schattig Frischer Waldhumusboden	Heimische Waldstaude mit großem Ausbreitungsdrang; Blätter setzen beim Betreten oder Zerreiben den typischen, intensiv süßen Waldmeisterduft frei.
Gypsohila repens	Teppich-Schleierkraut	10	V–VII Weiß	Sonnig Bodenfrische bis trockene Kalkschotterflächen	Heimische Wildstaude an Alpenflüssen; reichblühend; brüchig; bildet großflächige Matten.
Iberis sempervirens	Immergrüne Schleifenblume	15–30	IV–VI Weiß	Sonnig bis halbschattig Normaler Boden	Immergrüner Halbstrauch; regelmäßiger Rückschnitt spätestens alle drei Jahre erforderlich; im lichten Schatten kurzlebiger.
Iris Barbata-Nana- Hybriden	Zwerg-Schwertlilie	15–35	IV–V Alle Farben	Sonnig Warme, durchlässige Böden	Reizende Frülingsblüher mit dauerhaft wirksamem, attraktivem Laub; nicht wuchernd, daher gut mit anderen Stauden oder Zwiebelpflanzen zu kombinieren.
Mentha x piperita var. citrata	Zitronen-Pfefferminze	30–90 (nach Sorte)	VII Lila	Halbschattig bis sonnig Humoser, frischer Boden	Eine Vielfalt an Sorten beschert ein wahres Feuerwerk an Aromen, so z.B. Limonenminze, Orangenminze oder Eau de Cologne-Minze; die Pflanzen sollten alle paar Jahre umgesetzt werden.
Nepeta mussinii	Katzenminze	25	IV–IX Lavendelblau	Sonnig Durchlässiger Boden	Blätter breiter als bei u.g. Art; wüchsiger; säht sich bei Trockenheit stark aus; Blätter besitzen eigenwilliges, minziges Aroma (auch bei folgender Art).
Nepeta x faassenii	Katzenminze	25–30	V–IX Lavendelblau	Sonnig Normaler Boden	Dauerblüher mit gräulicher Belaubung; nach Rückschnitt remontierend, d.h. Zweitblüte.
Oenothera missouriensis	Teppich-Nachtkerze	20–30	VI–IX Gelb	Sonnig Schottriger, kalkhaltiger Boden	Dauerblüher, dessen leuchtend gelbe Blütenschalen sich am Abend öffnen; schmale, unterseits weiße Blätter; bildet lange Schleppen; gelegentlicher Rückschnitt erforderlich; Blüte strömt Duft aus.
Prunella grandiflora	Braunelle	20	VI–IX Purpur	Sonnig bis halbschattig Nährstoffreicher, eher trockener Boden	Anspruchsloser, reich- und dauerblühender Bodendecker; kommt auch mit magerem Boden zurecht; Sorten mit weißen, karminrosa oder violetten Blüten.
Sagina subulata	Wintergrünes Sternmoos	5	VI–VII Weiß	Sonnig bis halbschattig; schottriger, nicht zu trockener kalkhaltiger Boden	Der ideale Rasenersatz in Fugen! Moosartige Staude, die dichte Matten bildet.
Saponaria x lempergii	Spätes Seifenkraut	20–25	VII–IX Rosa	Sonnig Normaler, durchlässiger Boden	Robuster, unempfindlicher Dauerblüher; bildet große Polster; wertvoll wegen der späten Blütezeit.

Stauden als Fugenbewohner zwischen Platten und Rasenpflaster

Botanischer Name	Deutscher Name	Höhe in cm	Blütezeit	Standort	Bemerkung
Sedum sp.	Fetthenne	5–15	VI–VIII Weiß, gelb, rosa, karmin	Sonnig Durchlässige, schottrige, magere Böden	Wirkungsvolle Bodendecker in zahlreichen Arten und Sorten, rasen-, teppich- und polsterbildend; z.T. immergrün; Sternchenblüten.
Sempervivum sp.	Hauswurz	10–20	VI–VII Rosa	Sonnig Durchlässige, schottrige, magere Böden	Formenreiche Rosettenstauden mit dickfleischigen, immergrünen Blättern in unterschiedlicher Färbung; ausnehmend dekorativ und langlebig.
Thymus sp.	Thymian	5–40 (nach Art bzw. Sorte)	VI–VII, z.T. bis IX Rosa	Sonnig Warmer, trockener bis frischer Boden	Unter den Arten und Sorten der Thymiane finden sich verschiedene Aromen, vom »normalen« Thymian bis zum Zitronen- oder Orangenthymian; niedrige, kriechende Arten werden häufig auch als Quendel bezeichnet.
Viola cornuta	Horn-Veilchen	15	IV–IX (X) Dunkelblau	Sonnig bis halbschattig, normale bis steinige Böden	In raueren Lagen kann Winterschutz erforderlich sein; Sorten in Lila, Schwarz und Zitronengelb oder dreifarbig.

Mauern

Die wohl schönsten, weil auch lebendigsten Mauern im Freiraum sind Trockenmauern. Aufgeschichtet aus mehr oder minder zurecht gehauenen Steinblöcken, ohne aber Mörtel oder ein anderes Haftmittel zu verwenden, hält derartiges Mauerwerk mühelos dauerhaft, wie alte Zeugnisse dieser Kunst des Mauerbaus immer wieder beweisen. Damit derartige Mauern tatsächlich funktionieren und etwa auch dem Erddruck von Mauern standhalten, sind ein paar Regeln zu beachten:

▷ Der Anteil an sogenannten Bindern muss etwa ein Drittel betragen. Binder sind tiefe Steine, die jeweils möglichst durch den gesamten Mauerquerschnitt führen und so einem stabilen Verbund führen. Bindersteine werden nicht längs eingebaut wie die zwei Drittel »Läufer«, sondern mit ihrer Längsseite quer zur Ansichtsfläche der Mauer. Ihre Tiefe muss in jedem Fall das 1,5-fache der Höhe betragen.

▷ Die Mauer ist auf gesamter Tiefe zu hintermauern, reines Auffüllen mit durchlässigem oder gebrochenem Material reicht nicht aus.

▷ In Hangbereichen ist drückendes Wasser durch drainendes Material und nach Bedarf durch eine zusätzliche Drainage abzuführen.

▷ Das Fundament aus Schotter wird 40 bis 50 Zentimeter hoch und an beiden Seiten 10 cm breiter als die unterste Steinreihe ausgeführt. Der darunter liegende Boden muss gewachsen oder bis zur Standfestigkeit verdichtet sein.

▷ Alle Fugen sind so eng wie möglich auszuführen.

▷ Wird die Mauer als Stützmauer ausgeführt, so werden im unteren Bereich die größten Steine eingebaut. Nach oben hin kann die Steingröße abnehmen. Die Mauerkrone muss allerdings immer mit ausreichend großen, mindestens 40 Zentimeter tiefen Steinen ausgeführt werden, um eine stabilen Abschluss zu schaffen.

▷ Die Steine werden mit einem Anlauf von 10–25 Prozent versetzt, d.h. der Mauerquerschnitt »flieht« nach hinten hangwärts. Die Steine kippen leicht nach hinten.

▷ Fugen dürfen weder waagrecht (Längsfugen) noch senkrecht (Stoßfugen) durchgängig sein, sonst wird das Mauerwerk instabil. In Stoßfugen sollte alle zwei Steinlagen ein Fugenwechsel durchgeführt werden.

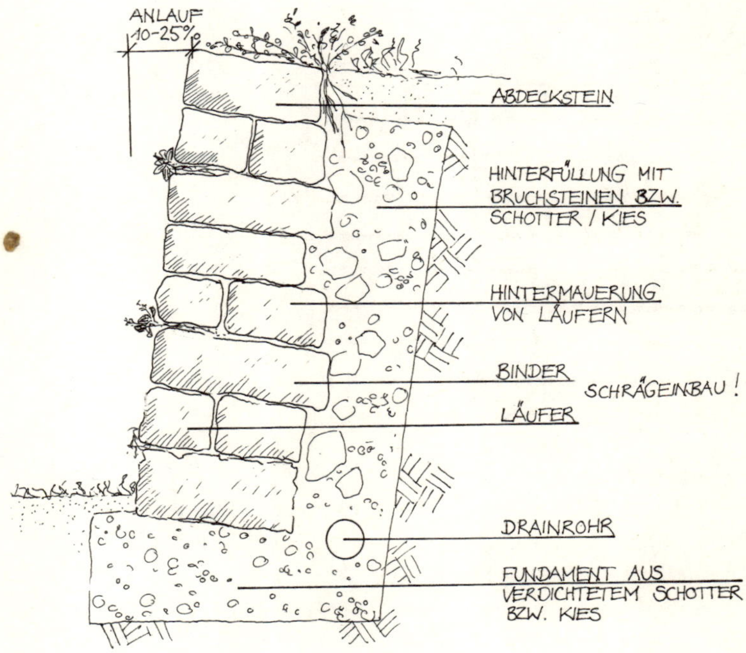

Querschnitt durch eine Trockenmauer. *Sollen Pflanzen in Fugen der Trockenmauer wachsen, so werden diese am besten gleichzeitig beim Mauerbau gepflanzt. So lässt sich auch einfach Substrat über die ganze Tiefe der Fuge mit einbringen. Ein späteres Setzen der Stauden ist wesentlich mühsamer.*

Beläge

Die unsichtbaren Qualitäten eines Belages liegen in seinem Oberbau, d.h. einer fachmännisch ausgeführten Planie des Untergrundes mit ausreichender Verdichtung sowie den darauf aufgebrachten Frostschutz- und Tragschichten.
Sichtbare Qualität und Schönheit wird an der Oberfläche mit traditionellen und schmuckvollen Verlegeweisen und Mustern offenbar, mit denen der Pflasterer unter Beweis stellt, dass er wirklich ein Meister seines Fachs ist.

Verlegearten von Klinker, Pflaster und Platten
a. *Der Reihen oder Läuferverband ist bei Pflaster und Klinker üblich. Quer zur Laufrichtung verlegt, kann er die Länge eines Weges optisch verkürzen. Längs bzw. parallel zur Laufwirkung verlegt, scheint sich die Strecke zu verlängern und der Belag kann mühelos Schwünge im Verlauf mitmachen, ohne dass unschöne, deutliche Richtungswechsel erforderlich wären.*
b. *Der besondere Vorteil einer diagonalen Verlegung liegt neben dem optischen Reiz in der höheren Belastbarkeit der Pflasterdecke gegenüber Schubkräften, z.B. bei Fahrverkehr.*
c. *Der Kreuzverband eignet sich nur für wenig belastete Flächen, Fußwege oder Terrassen. Um überzeugend zu wirken, ist große Sorgfalt bei der Verlegung notwendig. Nur so kann ein schönes, exaktes Fugenbild entstehen.*
d. *Gleichermaßen äußerst zierend wie auch sehr belastbar ist der Fischgrätenverband. Er ist einer der Klassiker unter den Verlegearten für Klinker.*
e. *Eine alte und traditionelle Verlegeart für Natursteinpflaster ist das Passeepflaster. Leider ist diese kunstvolle Art der Flächengestaltung heute fast verloren gegangen. Nur wenige Pflasterer beherrschen heute noch diese Technik.*
f. *Natursteinplatten können auch in polygonalen Verbänden verlegt werden. Ihre*

e

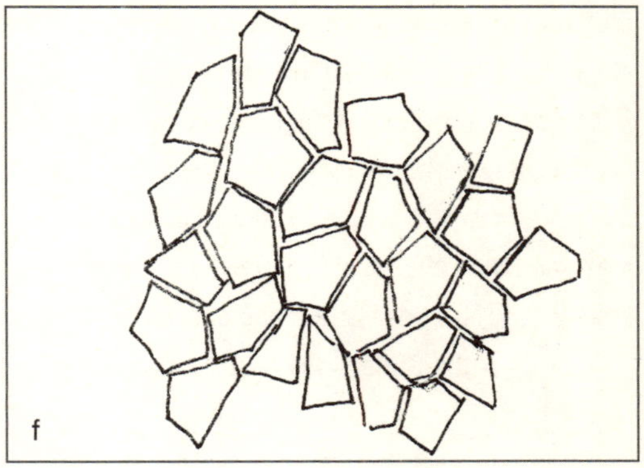
f

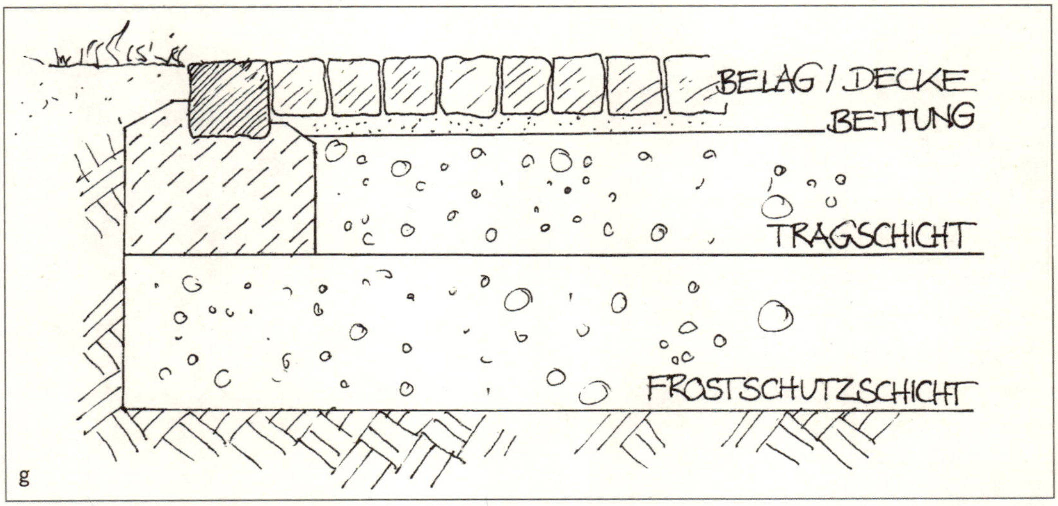

g

Besonderheit ist die Richtungslosigkeit, die gut zu Gartenanlagen mit freien, natürlichen Formen passt.
g. Befestigte Flächen sind immer nach dem gleichen Prinzip aufgebaut. Über dem verdichteten, anstehenden Boden werden Frostschutz- und Tragschicht aus verdichtetem Schotter oder korngestuftem Kies aufgebracht. Bei gering belasteten Fußwegen reicht eine kombinierte Frostschutz-Tragschicht von etwa. 25 Zentimeter aus. Über diesem soliden Unterbau wird die Deckschicht, in diesem Fall ein Pflasterbelag, verlegt. Um dem Belag seitlichen Halt zu geben, ist gerade bei stärker frequentierten Wegen oder Flächen mit Fahrbelastung eine stabile Randeinfassung unerlässlich.

Stufen und Treppen

Stufen und Treppen machen das Gehen bei stärkerem Gefälle ab etwa 10 Prozent und in Hanglagen angenehmer und bequemer. Für den Bau von Stufenanlagen berücksichtigt man in Bezug auf das Steigungsverhältnis ein paar hilfreiche Regeln.

▷ Die durchschnittliche Schrittlänge gibt das so genannte Schrittmaß vor. Man geht dabei von einer Schrittlänge von 63 bis 65 Zentimeter aus. Nach der Schrittmaßformel gilt:

2 x Stufenhöhe + Auftritt = 63 – 65 cm

▷ Nach der Bequemlichkeitsformel gilt:

Auftrittstiefe – Steigungshöhe = 12 cm

▷ Die Sicherheitsformel besagt:

Auftrittstiefe + Stufenhöhe = 46 cm

Alle drei Regeln lassen sich leider nicht unter einen Hut bringen, da heißt es sich entscheiden!

Übliche Steigungsverhältnisse im Außenbereich sind zum Beispiel 15/34 oder 16/32.

Stufen benötigen immer eine Fundamentierung. Bei kurzen Treppen, bis etwa 4 Stufen, genügt in der Regel ein 20 bis 30 Zentimeter dickes, verdichtetes Schotterfundament. Bei längeren Treppen ist eine frostfreie Fundamentierung vorzusehen.

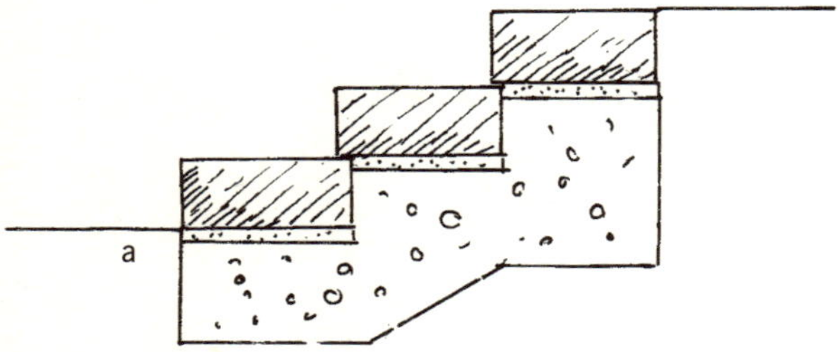
a

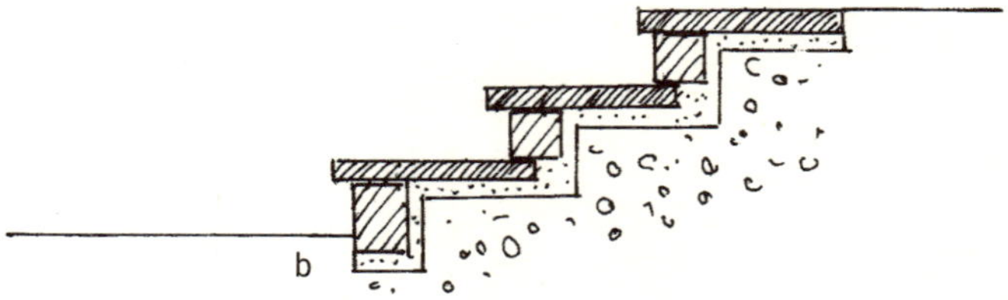
b

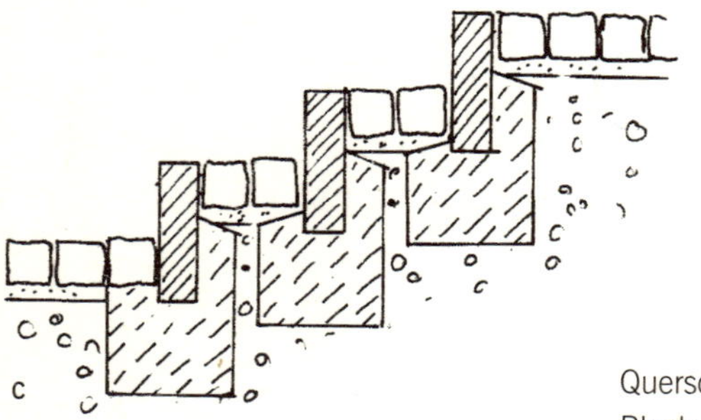
c

Querschnitte zu den drei Stufentypen Block-, Stell- und Legstufe

Bei Stufen werden drei Grundtypen unterschieden: Blockstufen (a), *Legstufen* (b) *und Stellstufen* (c). *Die stabilste sind zweifellos die Blockstufen, filigraner wirken aber Legstufen. Stellstufen sind eine vergleichsweise preiswerte Bauweise und eignen sich am besten für Stufenanlagen auf weniger frequentierten Nebenwegen. Wichtig bei jeder Art von Stufen ist eine ausreichende Fundamentierung, die ab einer Treppenanlage von vier Stufen unbedingt frosttief, das bedeutet je nach Gegend 80 bis 110 Zentimeter tief, ausgebildet werden sollte. Dabei reicht es aber aus, wenn lediglich die erste und letzte Stufe der Treppe frostfrei gegründet sind.*

Gartennachweis

O. = Oben
U. = Unten
R. = Rechts
L. = Links

B. = Besitzer
D. = Designer
o.N. = kein Nachweis nötig

C.F.S. = Chelsea Flower Show
H.C.P.F.S. = Hampton Court Palace Flower Show
C.L.G.F. = Chaumont-sur-Loire Garden Festival

S. 1 »Garden Of Mirrors«, D. Maria Josefina Casares & Martina Barzi, Argentinien, C.L.G.F.
2/3 B. Blumer-Martin, D. Wolfgang Oehme u. James Van Sweden, USA
6/7 Bradstone Garden D.Frank Hardy, C.F.S.
8 B./D. Lilli u. Rainer Blum
9 B./D. Phillip Watson, »Washington Gardens«, USA
10 O. »Viens« D. Michael Batalla u. Eric Stephany, Flore Baudelot, C.L.G.F.
U. »The Dance of the Seven Gardens«, D. Yvonne Van Roekel, NL u. Peter Bellchambers, GB, C.L.G.F.
11 »Desert Sea«, D. Andy Cao u. Stephen Jerrom, C.L.G.F.
12 O. o.N.
U. B./D. Ann u. Alan Izard, Wilsons Mill Garden, Ohoka, Neuseeland
13 B./D. Rolf Walter u. Ursel Schwarze
15 O. B./D. Rosita Trinca, Greenwich, CT
U. »The Loire Valley Wines Garden«, D.May u. Watts Garden Design, H.C.P.F.S.
16/17 o.N.
18 »Mercedes-Benz Versatile Garden For Modern Living«, D. Jane Mooney, H.C.P.F.S.
19 »Checkered Chic« Garden, D. Karen Passey, H.C.P.F.S
20 O. B./D. Robert Dash, »The Madoo Conservancy«, Saggaponack, Long Island, N.Y.
U. »Kelly's Creek« Garden, D. Alison Wear u. Miranda Melville, C.F.S.
21 O. B./D. Marc De Winter, »Bloem Bloem«, Belgien
U. D. Robert Dash, »The Madoo Conservancy«, Saggaponack, Long Island, N.Y.
22 D. Robert Dash, »The Madoo Conservancy«, Saggaponack, Long Island, N.Y.
23 O. »Mercedes-Benz Versatile Garden for Modern Living«, D. Jane Mooney, H.C.P.F.S.
U. D. Hartley Botanic, C.F.S.
24/25 o.N. New York City
26 L. »Mercedes-Benz Versatile Garden for Modern Living«, D. Jane Mooney, H.C.P.F.S.
M. B./D. Ute & Stephan Kirchner, Kleiserkoog
R. »Mercedes-Benz Versatile Garden for Modern Living«, D. Jane Mooney, H.C.P.F.S.
27 B./D. Thomas Heumann, Weinstadt-Beutelsbach
28/29 D. Robert Dash, »The Madoo Conservancy«, Saggaponack, Long Island, N.Y.
30 B./D. Barbara Hammerstein, Garmisch-Partenkirchen
31 Martin Summers, London
32 O. »The Potters Garden«, D. Marney Hall, H.C.P.F.S.
M. o.N.
U. o.N.
33. Biltmore Estate, North Carolina, USA
34 B. Roswitha Kienlein, D. Fuchs Baut Garten
35 o.N.
36 O. o.N.
M. B. Hildegard Osterauer
U. »The Garden Of Eden«, D. Jeff Groundrill, C.F.S.
37 O. o.N.
M. B./D. Maria Mattheisson, Long Island
U. o.N.
38/39 B./D. Stephen Woodhams, London
40 D. David Seeler, »The Bayberry«, Saggaponack, Long Island, N.Y.
41 »West Midland Farmyard« Garden, D. Julian Dowle, C.F.S.
42 O. o.N.
U. »Maple Courtyard« Garden, D. Maureen Busby, H.C.P.F.S.
43 O. »A Writer's Garden«, D. Bunny Guiness, C.F.S.
U. D. Wolfgang Niemeyer
44 O. o.N.
U. »Bryans Ground«, D. David Wheeler u. Simon Dorrell, GB
45 »Stellenberg«, D. Sandy Ovenstone, Capetown, Südafrika
46 B./D. Ursula u. Klaas Schnitzke-Spijker
47 O. o.N.
U. »The Healing Garden«, D. SKH der Prinz von Wales u. Jinny Blom
46 o.N.
49 »Garden Open« Garden, D. Roger Platts, C.F.S.
50 O. o.N.
U. B. Family Rifkin, D. Wolfgang Oehme u. James Van Sweden, USA
51 o.N.
52 O. D. Holger Reiners, Hamburg
U. B. Verena Goetz, Schweiz
53 O. Gatschina-Park nähe St. Petersburg, Rußland
U. B./D. Hinrich De Witt
54 L.O. B./D. Ann u. Alan Izard, Wilsons Mill Garden, Ohoko, Neuseeland
R.O. B./D. Rosita Trinca, Greenwich, CT
L.U. B./D. Dr. Ivan Ruperti, CH
R.U. »Landcraft«, D. Dennis Schrader u. Bill Smith, Mattituck, Long Island, N.Y.
55 B./D. Ann Mollo, London
56 O. Robert Dash, »The Madoo Conservancy«, Saggaponack, Long Island, N.Y.
L.U. »Barnsley House Garden«, D. Rosemary Verey
R.U. D. David Seeler u. Ngaere McCray, »The Bayberry«, Saggaponack, Long Island, N.Y.
57 B./D. Rosita Trinca, Greenwich, CT, USA

58/59 B. Bob Timberlake, North Carolina, USA
60 O. Phillip Watson, »Washington Gardens«, USA
U. o.N.
61 D. Chris Moore, Jack Chandler & Associates, Yountville, CA, USA
62/63 B./D. Dr. Ivan Ruperti, CH
64 Lorenzo u. Karin Fumagalli, CH
65 B. Blumer-Martin, D. Wolfgang Oehme u. James Van Sweden, USA
66 D. Chris Moore, Jack Chandler & Associates, Yountville, CA, USA
67 o.N.
68 D. Fred Schwarz, N.Y.C., B. Anderson Family, St Helena, CA, USA
69 The Laurent-Perrier, Harpers Queen Garden, D. Tom Stuart-Smith, C.F.S.
70 D. Phillip Watson, »Washington Gardens«, USA
71 B. Blumer-Martin, D. Wolfgang Oehme u. James Van Sweden, USA
72 O. »Maple Courtyard« Garden, D. Maureen Busby, H.C.P. F.S.
U. D. Jürgen Papenfuss u. Jürgen Rösner
73 O. »La Main Coulante«, »Flowing Banisters«, (C.I.P.J.P.), C.L.G.F.
U. o.N.
74 O. B./D. Petra Pelz, Magdeburg
U. »Landcraft«, D. Dennis Schrader & Bill Smith, Mattituck, Long Island, N.Y.
75 B./D. Rosita Trinca, Greenwich, CT, USA
76 B. Renate u. Dieter Hansen, D. Avant Gardeners, Bremen
77 D. Chris Moore, Jack Chandler & Associates, Yountville, CA, USA
78 B./D. Giovannella Stianti Mascheroni, Castello di Volpaia, Toskana
79 O. o.N.
U. o.N.
80/81 B./D. Paola u. Cesare Settepassi, Toskana
82. L. o.N.
R. D. Isabelle C. Greene & Associates, Santa Barbara, CA, USA
83 B./D. Rosita Trinca, Greenwich, CT, USA
84 O. »The Cloisters«, D. Christine Goodman, H.C.P. F.S.
U. o.N.
85 O. o.N.
U. o.N.
86 O. »The Spiky Garden«, D. Nick Allen, H.C.P. F.S.
L.U. »Risseu Le Caillou«, D. Monica Viarengo & Gabriele Gelatti, Italien, C.L.G.F.
L.R. o.N.
87 L. o.N.
R. »La Main Coulante«, »Flowing Banisters«, (C.I.P.J.P.), C.L.G.F.
88 B./D. Paola u. Cesare Settepassi, Toskana
89 »Ohinetahi«, D. Sir Miles Warren, Christchurch, NZ
90 L. »A Celtic Sanctuary« Garden, D. Mary Reynolds, C.F.S.
R. o.N.
91 »Jardin Palestinien«, D. Bruno Marmiroli, C.L.G.F.
92 B. Roswitha Kienlein, D. Fuchs Baut Garten
93 »Contempory Water Garden«, D. Arabella Lennox-Boyd, C.F.S.
94 O. o.N.
L.U. B./D. Brigitte u. Jürgen Hummel, Marianne u. Stephan Blume
R.U. B./D. Rosita Trinca, Greenwich, CT, USA
95 o.N.
96 O. »The Tree House« Garden, D. MW Landscape Pear Tree, C.F.S.
U. o.N.
97 D. Chris Moore, Jack Chandler & Associates Yountville, CA, USA
98 L.O. D. Dr. Ivan Ruperti, CH
R.O. »A Celtic Sanctuary« Garden, D. Mary Reynolds, C.F.S.
U. o.N.
99 O. o.N.
M. B. Mike u. Anne Allen, »Broxwood Court«, Herefordshire; Steinskulptur Joe Smith
U. o.N.
100/101 D. Susan u. Richard Macfarlane, Kekerengu, Neuseeland
102 B. Henning u. Veronika Studte
103 o.N.
104 L.O. Sculptur Dorothee Taubner, 35260 Stadt Allendorf- Niederklein
R.O. o.N.
U. o.N.
105 L.O. David Seeler, »The Bayberry«, Saggaponack, Long Island N.Y.
R.O. »Silver Reflections« – the Bradstone Garden, D. Alan Sargent, C.F.S.
U. Marlies Tubes
106 »Arrow Cottage«, D. Lance Hattatt, Weobley, Herefordshire, GB
107 D. Chris Moore, Jack Chandler & Associates, Yountville CA, USA
108 L. D. Fredericke Biggs, N.Y.C., USA
R. D. Fredericke Biggs, N.Y.C., USA
109 L. Rosita Trinca, Greenwich, CT, USA
M. B./D. Susan u. Richard Macfarlane, Kekerengu, Neuseeland
R. o.N.
110 O. B. Elisabeth Schmitt-Nau, 35287 Amöneburg
U. B./D. Barbara Elwert u. Thomas Geck
111 L.O. B./D. Robert Dash, »The Madoo Conservancy«, Saggaponack, Long Island N.Y.
R.O. B. Roz Avrett, D. Peter East, N.Y.C, USA
L.U. B./D. Sir Roy Strong u. Dr. Julia Trevelyan-Oman
R.U. D. Isabelle C. Green & Associates, Santa Barbara, CA, USA
112 O. »The Gaudi Garden«, D. Moya Drummond, H.C.P. F.S.
U. Phillip Watson, »Washington Gardens«, USA
113 O. o.N.
U. »Old Nectar«, D. Una Van Der Spuy, Stellenbosch

114 B./D. Lorenzo u. Karin Fumagalli, CH
114/115 Mike u. Anne Allen, »Broxwood Court«, Herefordshire, GB
116 D. Alan Wilson, »The Sculpture Workshop«, GB
117 o.N.
118 L.O. »Eastgrove Cottage«, B./D. Malcolm u. Carole Skinner
R.O. »The McKelvey-Wise Garden«, D. Juliet McKelvey u. Judith Wise, C. F. S.
U. Parco di Pinnochio, Lucca, Italien
119. O. o.N.
L.U. »Garden Open« Garden, D. Roger Platts, C. F. S.
R.U. D. Chris Moore, Jack Chandler & Associates, Yountville, CA
120 Marc De Winter, »Bloem Bloem«, Belgien; Skulptur Camiel Van Breedam

Literatur

Arbeitsgemeinschaft Pflasterklinker e.V. (Hrsg.): *Gestaltungsratgeber Pflasterklinker*, Bonn, o.J.

Entwicklungsgemeinschaft Holzbau in der Deutschen Gesellschaft für Holzforschung München (HRSG.): *Informationsdienst Holz*, Holzbau Handbuch, Reihe 3 – Bauphysik, Teil 5 – Holzschutz, Folge 2 – Baulicher Holzschutz, Düsseldorf 1991

Hobhouse, Penelope: *Farbe im Garten*, Stuttgart 1986

Howcroft, Heidi: *Das Pflaster im Garten – 150 Beispiele für schönere Wege, Terrassen, Treppen*, München 1998

Howcroft, Heidi: *Pflaster für Garten, Hof und Plätze,* München 1994

Kataloge der Baumschulen Bruns, Ley und Lorenz von Ehren

Marz, Hans und Stocker, Konstanze: *Zäune und Gartentore,* Augsburg 1999

Niesel, Alfred: *Bauen mit Grün*, Berlin/Hamburg 1989

Noll, Friedrich-Wilhelm: *Zur Vervollkommnung des Kleinpflasters*, Berlin 1911, Reprint Leipzig, o.J.

O´Donoghue, Declan: *Werkbuch Holz*, Stuttgart 1999

Wirth, Peter: *Garten-Anlage, Handwerkliches Arbeiten mit Erde, Stein, Holz*, Stuttgart 1985

Ziegelforum (Hrsg.): *Ziegel-Lexikon*, München 1994

Bibliografische Information Der Deutschen Bibliothek
Die Deutsche Bibliothek verzeichnet diese Publikation
in der Deutschen Nationalbibliografie; detaillierte
bibliografische Daten sind im Internet über
<http://dnb.ddb.de> abrufbar.

Umschlagentwurf:
Theodor Bayer-Eynck, Coesfeld
Gestaltung: Monika Pitterle
Lithographie: reproteam siefert, Ulm
Druck und Bindung: Fotolito Longo, Bozen
Printed in Italy

ISBN 3-421-03426-5